아이패드로 시작하는

음악 프로듀싱 with
개러지밴드

옥정헌 지음

비트메이킹 등
실습 예제 파일과
단계별 학습 가이드 제공

GarageBand

BJPUBLIC

아이패드로 시작하는
음악 프로듀싱 with 개러지밴드

서문

'과연 이 일을 하면 행복할까?'

제가 지금껏 선택의 기로에 설 때마다 제 자신에게 버릇처럼 되묻던 말입니다.

제가 처음으로 작곡을 시작했던 때는 2010년 여름이었습니다. 저 물음으로 시작되었던 제 선택은 지금의 저를 행복하게 만들어주고 있습니다. 누군가에게 '저처럼 해보세요!'라고 강요할 순 없지만, 자신의 행복을 우선시하는 선택들이 무조건 안좋은 결과를 가져오지는 않더라는 것을 말씀드리고 싶었습니다.

독자분들 중에는 예전에 음악을 진로로 선택했던 분들, 음악을 할까 말까 망설이셨던 분들, 음악을 본격적으로 시작을 해보려는 분들도 계실 것입니다. 그분들도 먼 훗날 저처럼 자신의 선택이 옳았다고 생각할 수 있도록 이 책이 조금이나마 도움이 되었으면 하는 바람입니다.

이 책에서 제시하는 방법들이 무조건 옳다는 것이 아닙니다. 각자에게 맞는 방법을 찾을 수 있는 힘을 길러주기 위해 가장 이해하기 쉽고, 따라 하기 쉬운 방법을 소개한 것뿐입니다. 책을 읽으면서 여러 번 반복하여 실습해보고, 그 과정에서 여러분에게 잘 맞는 작곡법을 발견한다면 그 방법으로 계속 진행하면 됩니다.

저는 '모든 예술에는 정답이 없다'고 생각합니다. 이 책을 바탕으로 독자분들도 각자에게 맞는 다양한 방법으로 재밌는 음악을 만들어보시길 바랍니다.

마지막으로 책을 펴는 데 도움을 주신 권혜수 에디터님, 김수민 에디터님, 사랑하는 가족들 그리고 사랑하는 Ling에게 감사드립니다.

• 샘플 파일 자료 다운로드   https://bjpublic.tistory.com/469

저자 소개

옥정헌
프로듀서 / 비트메이커

녹음실, 엔터, 레이블의 프로듀서를 거쳐 현재는 프리랜서 비트메이커로 활동하고 있다. 학생들을 가르치다 문득 '만약 누구나 쉽게 작곡을 접할 수 있다면 어떨까?'라는 생각이 들어 이 책을 집필하게 되었다. 작곡도 다른 취미들처럼 누구나 쉽게 도전할 수 있는 분야가 되었으면 하는 소망을 가지고 있다.

- **인스타그램** @jade_sw.d
- **유튜브** 집돌이jade
  https://www.youtube.com/@okjade
- **홈페이지** https://swallowthedawn.beatstars.com/

저는 PC와 맥 기반의 DAW들을 활용하여 작곡을 하는 편인데, 개러지밴드는 취미로 작곡을 공부하기에 좋은 선택지입니다. 개러지밴드는 화면과 기능이 직관적이기 때문에 접근성이 좋습니다. 또한 작곡에 필요한 다양한 기능의 앱들을 무료로 활용할 수 있다는 점도 큰 장점입니다.

이 책은 세 가지 음악을 개러지밴드를 활용하여 난이도를 올려가며 따라 할 수 있도록 구성되어 있습니다. 따라 하다 보면 단조로웠던 노래의 사운드가 점점 풍성해지는 것을 직접 느낄 수 있으며, 특히 비트를 처음 만들 때는 시간 가는 줄도 모르고 집중할 만큼 즐겁게 배울 수 있습니다. 또한 곳곳에 저자가 직접 경험한 노하우들이 수록되어 있어 매우 유익합니다. 개러지밴드로 작곡을 시작하는 모든 분들에게 이 책을 추천합니다.

심주현_화성학과 작곡에 관심이 많은 개발자

이 책은 아이패드를 활용하여 개러지밴드에 입문하기에 최적의 도서입니다. 특히나 '음악은 들으면서 만들어야 한다'는 저자의 철학에 따라 각 챕터마다 동영상 강의가 제공되어, 책에 나오는 실습을 직접 귀로 들을 수 있어서 좋았습니다. 혼자 공부했을 때는 무심코 지나쳤던 개러지밴드의 다양한 기능을 발견할 수 있게 되어 좋았습니다.

조현석_작곡을 열심히 배우고 있는 개발자

목차

≫ PART 1

작곡 독학 준비하기

Chapter 1. 누구나 쉽게 접할 수 있는 프로그램, 개러지밴드

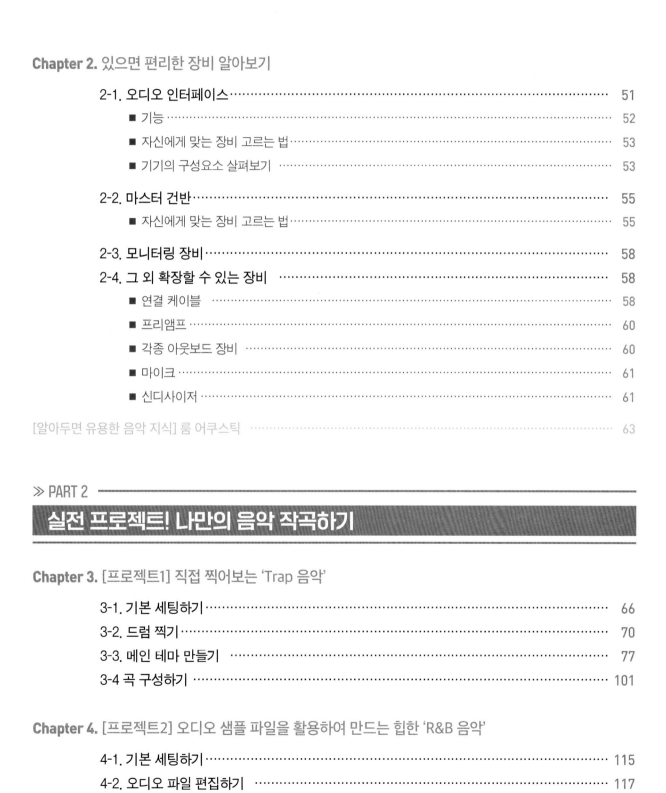

목차

≫ PART 3

내 음악 다듬기

≫ PART 4

내 음악 뽐내기

≫ 부록

알고 보면 쉬운 음악 이론

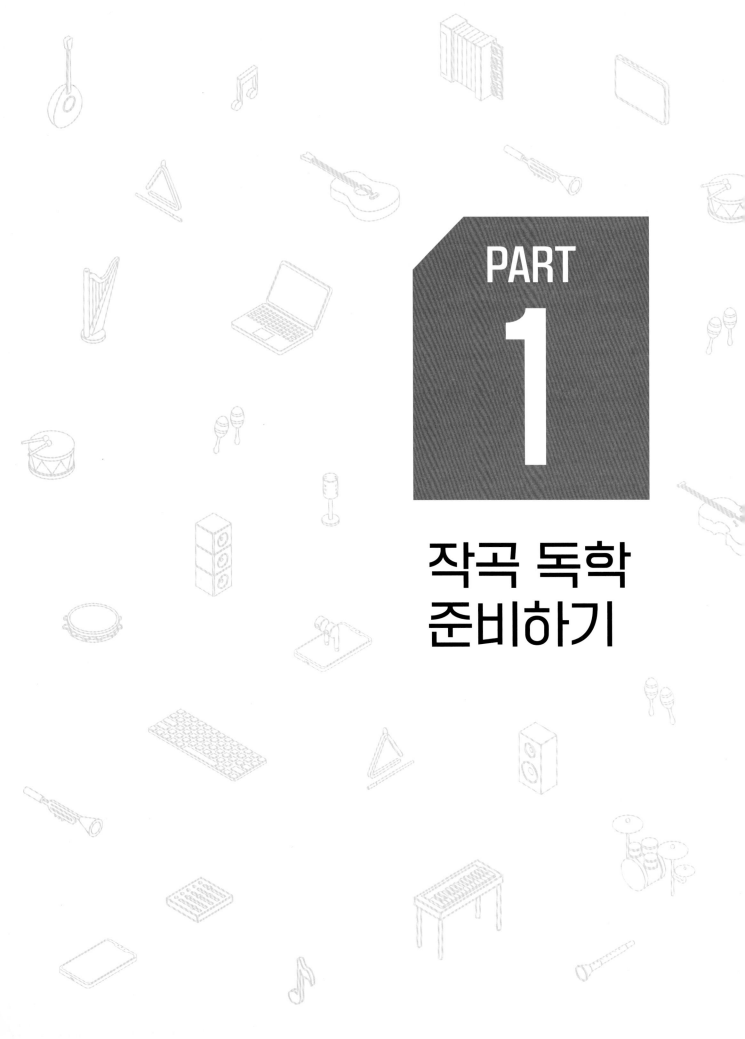

PART

1

작곡 독학
준비하기

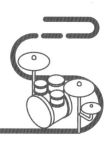

Chapter 1

누구나 쉽게 접할 수 있는 프로그램, 개러지밴드

1-1 왜 개러지밴드일까요?

작곡이란 작곡가가 가슴으로 느끼는 감정과 머릿속에 담긴 생각을 노래로 표현하는 것입니다. 그리고 좋은 작곡 프로그램이란 작곡가가 표현하고 싶은 것들을 잘 구현할 수 있어야 합니다. 현재 출시되어 있는 작곡 프로그램들은 나름의 고유한 장점이 있으며 표현하고자 하는 것을 구현할 수 있는 성능을 충분히 갖추고 있습니다. 따라서 필자는 작곡 프로그램을 선택할 때 '익숙함'과 '접근성'을 고려합니다.

이 두 가지 점에서 개러지밴드는 탁월한 선택입니다. 개러지밴드는 iOS 기반의 작곡 프로그램으로, 노트북/데스크톱 컴퓨터, 아이패드, 아이폰, 아이팟 터치에서 사용할 수 있습니다. 개러지밴드는 작곡하는 데 필요한 모든 기능을 갖추었으며 특별한 추가 기능도 사용할 수 있습니다. 무엇보다 애플 제품 사용자라면 누구나 무료로 사용할 수 있으므로 '이보다 접근성 좋은 작곡 프로그램은 없다'는 확신하에, 개러지밴드를 '작곡을 처음 접하는 독자들을 위한 입문 프로그램'으로 선정했습니다.

■ 개러지밴드의 장점

1. 접근성

앞서 말했듯이 접근성은 개러지밴드의 가장 대표적인 장점입니다. 노트북 및 데스크톱 컴퓨터는 작업할 수 있는 공간이 매우 제한되며, 가격대도 높아서 접근성이 떨어집니다. 그에 반해 개러지밴드는 아이패드 혹은 아이폰 사용자라면 누구나 무료로 이용할 수 있습니다. '한번 해볼까?' 하는 생각이 들 때 곧바로 시작할 수 있는 빠른 접근성이 초보자나 심지어 프로에게도 가장 크게 어필되는 특징입니다.

2. 로직과의 연동성

맥/맥 프로 사용자에게 해당하는 내용이지만, 개러지밴드를 사용하면 애플 제품의 장점인 '자사 제품끼리의 우수한 연동성'을 바로 체감할 수 있습니다. 특히 로직과의 연동성이 뛰어난데, 미디 파일을 포함하여 악기, 음색, 오디오 파일까지 빠진없이 로직으로 불러와 작업할 수 있습니다. 거리를 걷다 갑자기 멜로디 라인이 떠오르거나 어떤 아이디어가 번개같이 스쳤을 때 그 탁월한 연동성에 정말 감탄하게 될 것입니다.

3. 퀄리티 좋은 Apple Loops 및 악기팩 무료 제공

처음 작곡을 해보는 분들에겐 정말 반가운 특징입니다. 프로들이 만들어놓은 퀄리티 좋은 Loop와 악기팩(프리셋)을 무료로 사용할 수 있고, 상업적으로도 사용할 수 있습니다. 자신의 음악에 Loop와 악기팩을 어떻게 자연스럽게 녹여낼지는 'PART 2. 실전 프로젝트'에서 알아보겠습니다.

4. 손쉬운 파일 공유

인터넷을 사용할 수 있는 환경이라면 언제 어디서나 자신이 만든 노래와 노래의 프로젝트를 공유할 수 있습니다. 그리고 직접 만든 노래를 바로 벨소리로 등록해 사용할 수도 있습니다. 이 부분에 대해서는 Part 3에서 자세히 알아보겠습니다.

5. Smart 기능

각 악기를 Randomize(랜덤한 패턴으로 자동으로 연주)하여 연주하는 기능으로, 특히 초보자에게 꼭 필요한 기능입니다. 아직 연주하는 것이 익숙하지 않거나 마스터 키보드가 없어 연주하는 것이 불편한 분들에게는 매우 유용합니다. 이 부분도 'Part 2. 실전 프로젝트'에서 노래를 만들며 자세히 배워보겠습니다.

6. 프로젝트 파일 관리

컴퓨터로 작업하다 보면 한 프로젝트의 작업 파일이 여기저기에 흩어져 있기 쉽습니다. 그렇게 되면 나중에 협업을 하거나 프로젝트 파일을 전달할 때 WAV 파일이 누락되는 불상사가 생기게 됩니다. 그래서 저 또한 학생들을 가르칠 때 맨 처음 알려주는 것이 바로 '프로젝트 파일 관리'입니다. 그런데 아이패드/아이폰 개러지밴드로 작업을 하면 '자동으로' 파일 관리가 되어 매우 편리합니다. 게다가 iCloud를 사용한다면 자동으로 백업까지 됩니다. 백업을 해두지 않아서 프로젝트 파일을 날려버린 안타까운 이야기가 자주 들려오곤 하는데, 개러지밴드를 사용하면 파일 관리에 신경을 쓰지 않아도 됩니다.

7. 다양한 확장 악기들(AU)

개러지밴드에서 무료로 제공하는 악기들만 사용할 수 있는 게 아닙니다. 연주를 할 수 있는 악기부터 각종 이펙터까지(물론 유료 악기가 대부분이지만) 다양하게 사용하여 원하는 사운드를 만들 수 있습니다. 이 부분에 대해서는 '1-3. 악기 살펴보기'의 '확장 프로그램 추가하기'에서 다운로드부터 불러오기까지 배워보겠습니다.

■ 개러지밴드의 단점

1. 노트북/데스크톱 컴퓨터에만 최적화된 조작법

아직은 아이패드/아이폰에 적합한 작곡 프로그램의 조작법을 찾지 못했다는 느낌이 듭니다. 악기 연주나 녹음 등 대부분의 작업에서는 훌륭하지만, 트랙과 클립의 편집 부분에서는 아직 컴퓨터 작업 방식의 조작법이 그대로 사용돼 작업 속도가 많이 느려집니다. 키보드와 마우스를 연결하면 컴퓨터 작업을 할 때처럼 사용할 수 있다는 점에서 보완할 수 있겠지만, 기기에 맞는 별도의 조작법이 개발된다면 더욱 편리할 것으로 생각됩니다.

2. 외부 플러그인 사용에서의 한계

분명 방금 전까지는 장점으로 꼽았던 부분입니다. 하지만 개러지밴드로 더욱 깊고 무거운 작업을 한다면 결국에는 외부 플러그인 사용에서의 한계에 맞닥뜨리게 됩니다.

3. 믹싱의 한계

개러지밴드에는 이 책에서 설명하는 믹싱에 필요한 여러 기능이 많이 빠져 있습니다. 또한 Aux 채널이나 여러 악기를 Group으로 묶어 한 번에 조절하는 것이 불가능하며, Mixer 창으로 이동되지 않는 것도 불편합니다. 그렇지만 이러한 기능들은 조금 번거로울 뿐, 다른 방법으로 대체할 수 있습니다. Part 3의 '6-3. 내가 만든 음악 믹싱하기'에서 사용 방법을 한번 알아보겠습니다.

아이패드/아이폰에 개러지밴드를 설치할 수 없어요!

사용하지 않는 앱들이 자동으로 삭제되고 백업되지만, 가끔 개러지밴드가 다운로드되지 않는다는 문의를 받습니다. 이 경우 기기의 업데이트 상태를 확인해보시기 바랍니다. 애플 제품의 오류는 대부분 업데이트에서 발생됩니다.

■ 초기 화면

그림 1-1-1 초기 화면

1 **노래 생성**: 새로운 작곡 프로젝트를 생성하는 버튼입니다.

2 **파일 정렬**: 파일 정렬 보기의 크기와 순서를 정하는 버튼입니다.

그림 1-1-2 파일 정렬 목록

3 **오디오 트랙 생성**: 오디오 트랙을 바로 사용할 수 있는 프로젝트를 생성하는 버튼입니다.

4 **선택**: 만들어진 프로젝트들을 이동, 삭제, 공유할 수 있는 버튼입니다.

그림 1-1-3 초기 화면 선택 버튼을 누를 때 보이는 편집 화면

■ 프로젝트 화면

탐색, 노래 재생 제어, 그 외 세 가지 파트로 나뉩니다.

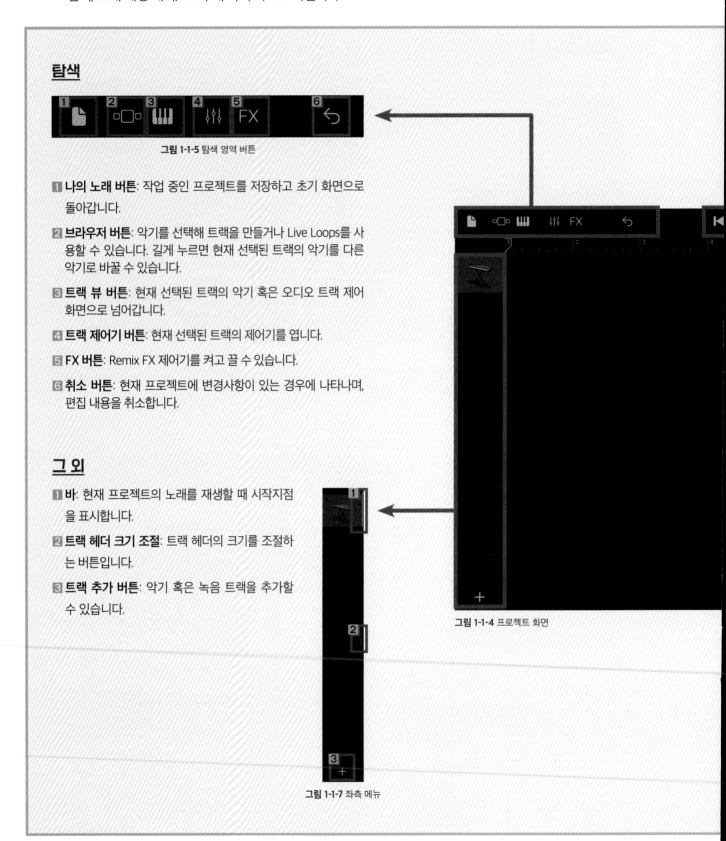

탐색

그림 1-1-5 탐색 영역 버튼

1 나의 노래 버튼: 작업 중인 프로젝트를 저장하고 초기 화면으로 돌아갑니다.

2 브라우저 버튼: 악기를 선택해 트랙을 만들거나 Live Loops를 사용할 수 있습니다. 길게 누르면 현재 선택된 트랙의 악기를 다른 악기로 바꿀 수 있습니다.

3 트랙 뷰 버튼: 현재 선택된 트랙의 악기 혹은 오디오 트랙 제어 화면으로 넘어갑니다.

4 트랙 제어기 버튼: 현재 선택된 트랙의 제어기를 엽니다.

5 FX 버튼: Remix FX 제어기를 켜고 끌 수 있습니다.

6 취소 버튼: 현재 프로젝트에 변경사항이 있는 경우에 나타나며, 편집 내용을 취소합니다.

그 외

1 바: 현재 프로젝트의 노래를 재생할 때 시작지점을 표시합니다.

2 트랙 헤더 크기 조절: 트랙 헤더의 크기를 조절하는 버튼입니다.

3 트랙 추가 버튼: 악기 혹은 녹음 트랙을 추가할 수 있습니다.

그림 1-1-4 프로젝트 화면

그림 1-1-7 좌측 메뉴

노래 재생 제어

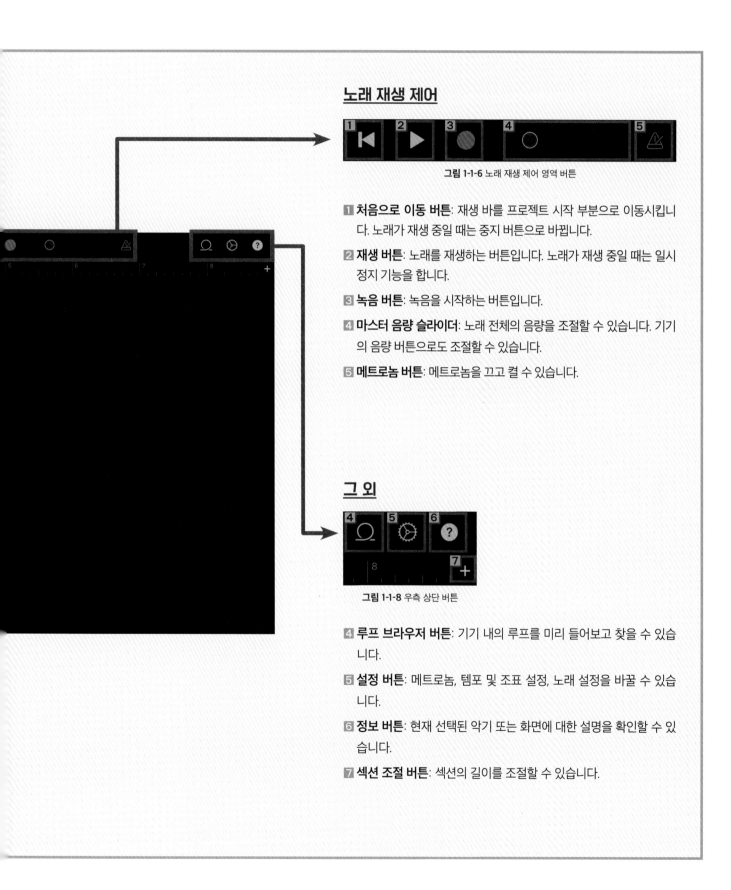

그림 1-1-6 노래 재생 제어 영역 버튼

1 처음으로 이동 버튼: 재생 바를 프로젝트 시작 부분으로 이동시킵니다. 노래가 재생 중일 때는 중지 버튼으로 바뀝니다.

2 재생 버튼: 노래를 재생하는 버튼입니다. 노래가 재생 중일 때는 일시 정지 기능을 합니다.

3 녹음 버튼: 녹음을 시작하는 버튼입니다.

4 마스터 음량 슬라이더: 노래 전체의 음량을 조절할 수 있습니다. 기기의 음량 버튼으로도 조절할 수 있습니다.

5 메트로놈 버튼: 메트로놈을 끄고 켤 수 있습니다.

그 외

그림 1-1-8 우측 상단 버튼

4 루프 브라우저 버튼: 기기 내의 루프를 미리 들어보고 찾을 수 있습니다.

5 설정 버튼: 메트로놈, 템포 및 조표 설정, 노래 설정을 바꿀 수 있습니다.

6 정보 버튼: 현재 선택된 악기 또는 화면에 대한 설명을 확인할 수 있습니다.

7 섹션 조절 버튼: 섹션의 길이를 조절할 수 있습니다.

■ 편집 툴 메뉴

연주 및 오디오를 녹음한 뒤에 생기는 클립을 누르면 볼 수 있습니다.

그림 1-1-9 트랙 편집창

1 오려두기: 선택된 클립을 삭제함과 동시에 복사하는 버튼입니다.

2 복사하기: 선택된 클립을 복사합니다.

3 삭제: 선택된 클립을 삭제합니다.

4 루프: 선택된 클립을 섹션 길이만큼 반복합니다.

5 분할: 선택된 클립을 바의 위치에서 자릅니다.

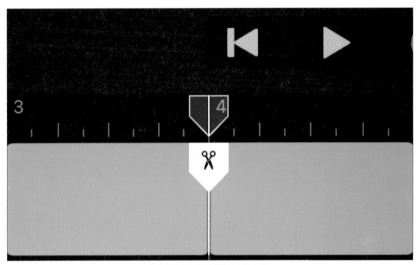

그림 1-1-10 트랙 분할 활성 화면

6 편집: 클립의 편집툴로 이동합니다. 좌측 상단의 연필 버튼을 오른쪽으로 슬라이드하면 음표를 추가할 수 있습니다. 음표를 다른 위치로 옮기려면 연필 버튼을 끄고 원하는 음표를 드래그해서 옮깁니다.

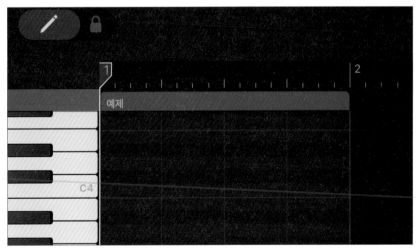

그림 1-1-11 트랙 편집툴

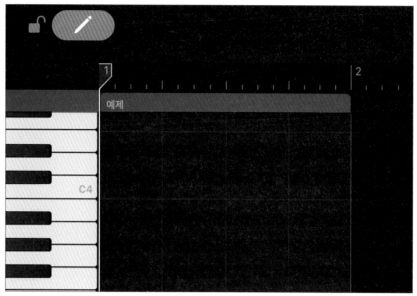

그림 1-1-12 트랙 편집툴 그리기 활성 화면

7 **이름 변경**: 선택된 클립의 이름을 변경하는 버튼입니다.

8 **설정**: 선택된 클립의 세부사항을 설정하는 버튼입니다.

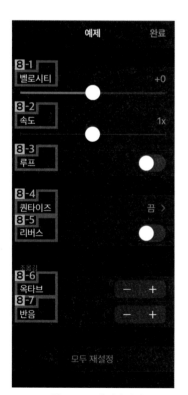

그림 1-1-13 트랙 설정 화면

8-1 **벨로시티**: 해당 클립의 전체 벨로시티를 높이거나 낮출 수 있습니다.

8-2 **속도**: 해당 클립의 속도를 ¼, ½, 1, 2, 4배로 조절할 수 있습니다.

8-3 **루프**: 해당 클립을 섹션 길이만큼 반복합니다.

8-4 **퀀타이즈**: 녹음 시 음표의 타이밍을 수정하는 버튼입니다. 크게 스트레이트, 셋잇단음표, 스윙 세 개로 나뉩니다.

8-5 **리버스**: 해당 클립을 역재생합니다.

8-6 **옥타브**: 해당 클립의 음정을 옥타브 단위로 옮깁니다.

8-7 **반음**: 해당 클립의 음정을 반음 단위로 옮깁니다.

그림 1-1-14 설정 퀀타이즈 화면

8-4-1 **스트레이트**: 정박으로 한 마디를 각 음표의 개수만큼 나눕니다.

8-4-2 **셋잇단음표**: 각 음표를 삼등분해서 박자를 셉니다.

8-4-3 **스윙**: 재즈에서 자주 사용하는 박자로, 기준 음표 카운트의 약한 박자 부분을 뒤로 밀어 연주합니다.

1-3 악기 살펴보기

■ 드럼

그림 1-1-15 악기 선택 화면: 드럼

● Smart Drums: 개러지밴드의 특별한 기능 중 하나입니다. 각 드럼 악기를 격자 위로 옮겨놓는 것만으로 드럼 루프를 손쉽게 만들 수 있습니다.

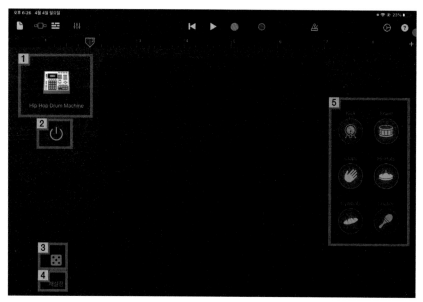

그림 1-1-16 Smart Drums

1 드럼 킷 버튼: 악기 모양의 버튼을 클릭하여 드럼 킷을 변경할 수 있습니다.

2 전원 버튼: 현재 자신이 만든 드럼을 껐다 켰다 할 수 있습니다.

3 무작위 버튼: 무작위로 드럼 루프를 만들어 재생합니다.

4 재설정 버튼: 드럼 루프를 초기화합니다.

5 악기 버튼: 이 버튼을 클릭해서 음색을 확인할 수 있고, 격자 위로 옮기면 해당 격자에 맞게 드럼 루프가 만들어집니다.

● **어쿠스틱 드럼**: 어쿠스틱 드럼을 터치하여 연주하는 툴입니다. 드럼에 대한 이해도가 있다면 멋지게 연주할 수 있습니다. 두 손가락으로 누르고 있으면 해당 악기가 반복 연주됩니다. 두 손가락이 벌어진 간격으로 반복 속도를 조절할 수 있습니다.

그림 1-1-17 어쿠스틱 드럼

1 킥

2 스네어

3 림, 쇼트

4 스틱

5 하이탐

6 미드탐

7 로우탐

8 클로즈 하이헷

9 오픈 하이헷

10 페달 하이헷

11 크래시 심벌

12 라이드 벨

13 라이드 심벌

● **비트 시퀀서**: 격자 버튼을 켜서 드럼 패턴을 생성할 수 있습니다. 가로 행은 박자, 세로 열은 악기별로 나뉘어 있습니다.

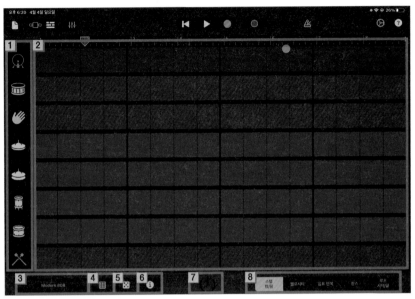

그림 1-1-18 비트 시퀀서

1 행: 각 행의 악기를 선택해 설정할 수 있습니다.

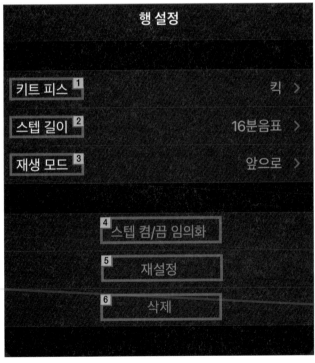

그림 1-1-19 비트 시퀀서: 행 설정

1-1 키트 피스: 악기를 바꿀 수 있습니다.

1-2 스텝 길이: 칸의 음표를 바꿀 수 있습니다.

1-3 재생 모드: 재생을 '앞으로, 역순, 반복, 임의 순서대로' 로 바꿀 수 있습니다.

1-4 스텝 켬/끔 임의화: 행 악기의 패턴을 무작위로 바꿔줍 니다.

1-5 재설정: 행 악기의 패턴을 초기화합니다.

1-6 삭제: 해당 행을 삭제합니다.

2 스텝: 각 칸을 칭하며, 켜고 끌 수 있습니다.

3 키트 선택: 드럼 키트를 바꿀 수 있습니다. 드럼 키트를 선택하면 자동으로 연주됩니다.

그림 1-1-20 비트 시퀀서: 키트 선택

4 패턴 버튼: 저장된 드럼 패턴을 불러옵니다.

5 무작위 버튼: 무작위로 드럼 패턴을 생성합니다.

6 패턴 설정 버튼: 비트 시퀀서의 전체 패턴 설정을 변경할 수 있습니다.

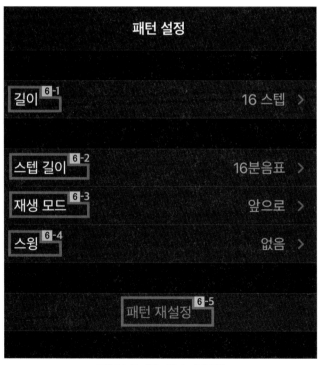

그림 1-1-21 비트 시퀀서: 패턴 설정

6-1 길이: 전체 패턴의 길이를 정합니다(16스텝, 32스텝, 48스텝, 64스텝).

6-2 스텝 길이: 스텝의 음표를 설정합니다.

6-3 재생 모드: 재생을 '앞으로, 역순, 반복, 임의 순서대로' 로 바꿀 수 있습니다.

6-4 스윙: 드럼 전체 패턴에 스윙감을 줍니다.

6-5 패턴 재설정: 드럼 전체 패턴을 초기화합니다.

7 전원 버튼: 비트 시퀀서의 드럼 패턴을 재생합니다.

8 스텝 설정: 스텝의 설정을 변경하는 버튼입니다.

그림 1-1-22 비트 시퀀서: 스텝 설정

8-1 스텝 켬/끔: 스텝을 켜고 끄면서 패턴을 변경합니다.

8-2 벨로시티: 스텝의 강약을 조절합니다.

8-3 음표 반복: 해당 스텝을 몇 개로 나누어 연주할지 설정합니다.

8-4 찬스: 해당 스텝에 확률을 부여해 확률에 따라 스텝이 연주되거나 연주되지 않습니다.

8-5 루프 시작/끝: 스텝 루프의 시작과 끝을 줄이거나 늘려 루프의 길이를 조절합니다.

■ 키보드

그림 1-1-23 악기 선택 화면: 키보드

● Smart Piano: 개러지밴드의 특별한 기능 중 하나입니다. 이 기능을 통해 초보자도 손쉽게 피아노를 연주할 수 있습니다.

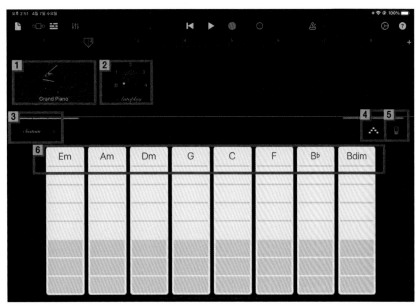

그림 1-1-24 키보드: Smart Piano

1 **피아노 선택**: 클릭 후 음색을 고르거나 간단히 쓸어넘겨 피아노의 음색을 변경할 수 있습니다.

2 Auto play: 피아노를 무작위로 연주해주는 정도를 정할 수 있습니다.

3 Sustain: 오른쪽으로 드래그하면 피아노 음을 지속해서 냅니다.

4 **아르페지에이터**: Auto play와 비슷하지만 패턴을 정할 수 있습니다.

5 **화음 스트립**: 한 번의 클릭으로 코드를 연주합니다. 화음 스트립을 끄면 일반 피아노 키보드가 나옵니다.

6 각각의 코드는 설정된 스케일에 따라 바뀌며 격자의 위치에 따라 음역대가 바뀝니다(위로 갈수록 고음, 밑으로 갈수록 저음).

● Alchemy 신디사이저: 개러지밴드에 내장된 신디사이저입니다. 피아노 악기만이 아니라 다양한 음색을 사용할 수 있습니다.

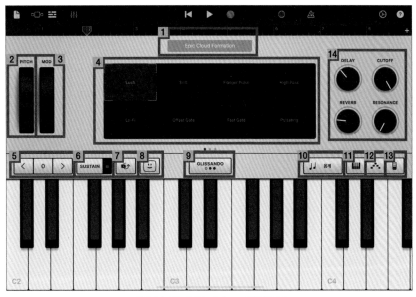

그림 1-1-25 키보드: Alchemy 신디사이저

1 **악기 탭**: 음색을 고르고 다운로드할 수 있습니다.

2 **PITCH**: 피치밴드라고 부르며, 자신이 누른 음의 음정을 위아래로 움직일 수 있습니다.

3 **MOD**: 모듈레이션이라고 부르며, 모듈레이션 계열 이펙터의 양을 조절할 수 있습니다.

4 **Transform pad**: 8개 섹션으로 나뉘며, 사각형 프레임을 옮겨 음색을 바꿀 수 있습니다.

5 **옥타브 변경 버튼**: 연주할 수 있는 키보드의 음역대를 옥타브 단위로 옮겨줍니다.

6 **SUSTAIN**: 오른쪽으로 드래그하면 음을 유지해줍니다.

7 **자이로 제어기**: 기기를 기울여서 Transform pad의 사각형 프레임을 옮깁니다.

8 **Face control**: Face id를 지원하는 기기일 경우 이 버튼을 사용할 수 있습니다. 연주 중 입을 벌리고 다물어 소리를 변경할 수 있습니다.

9 **GLISSANDO**: 키보드를 누른 채로 좌우로 움직이면 음이 바뀝니다.

   9-1 **SCROLL**: 키보드를 누른 채로 좌우로 움직이면 키보드 전체가 좌우로 이동합니다.

   9-2 **PITCH**: 키보드를 누른 채로 좌우로 움직이면 음이 부드럽게 바뀝니다.

10 **음계**: 연주할 음계를 선택할 수 있으며 각 음계에 대한 설명도 함께 표시합니다.

11 **키보드 제어기**: 키보드의 크기를 변경할 수 있습니다.

12 **아르페지에이터**: 누른 음들을 아르페지에이터의 패턴에 맞게 연주합니다.

13 **화음 스트립**: Smart Piano 기능을 사용할 수 있습니다.

14 **각종 노브**: 노브가 음색마다 다르게 표시되며 음색을 더 섬세하게 만질 수 있습니다. 대표로 많이 쓰이는 노브 몇 가지를 소개하겠습니다.

   14-1 **DELAY**: 해당 음색의 반사음 크기를 조절할 수 있습니다.

   14-2 **REVERB**: 해당 음색의 잔향 크기를 조절할 수 있습니다.

   14-3 **CUTOFF**: Hi pass 혹은 Low pass 필터의 주파수를 조절합니다.

   14-4 **RESONANCE**: 위 CUTOFF 지점에서 공진의 정도를 조절합니다.

   14-5 **LFO**: Low Frequency Oscillator의 약자로 MOD 이펙터의 깊이를 조절합니다.

   14-6 **LFO Rate**: LFO의 빠르기를 조절합니다.

   14-7 **XY 패드**: X축과 Y축에 각각 설정된 노브값을 조절합니다.

   14-8 **ATTACK**: 해당 음색의 증가 속도를 조절합니다.

   14-9 **DECAY**: 해당 음색의 감소 속도를 조절합니다.

   14-10 **SUSTAIN**: 해당 음색이 유지되는 정도를 조절합니다.

   14-11 **RELEASE**: 해당 음색의 잔향을 조절합니다.

Envelope란?

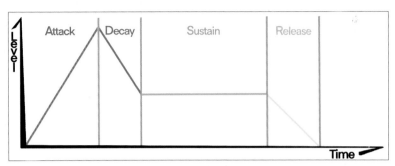

그림 1-1-26 Envelope

음악은 시간의 예술이라고도 합니다. 소리가 나고 사라지기까지의 여러 요소를 Envelope라고 하는데, 이 Envelope는 모든 소리에 존재합니다. 소리가 발생해 사라지기까지(Envelope)를 Attack(A), Decay(D), Sustain(S), Release(R) 네 부분으로 나누어 ADSR이라 부르기도 합니다. 앞서 살펴본 신디사이저의 노브 중에도 ADSR이 있습니다. 음량과 음색을 시간에 따라 변화시킬 수 있기 때문에, 같은 악기의 Envelope 요소를 건드리는 것만으로도 색다른 느낌을 낼 수 있습니다.

예를 들어 현악기는 Attack을 길게 하여 소리가 서서히 커지게 함으로써 늘어지는 느낌을 낼 수도 있고, Attack을 빠르게 하여 강한 느낌을 낼 수도 있습니다. 한 가지 요소만 달리해도 변화의 폭이 커지게 됩니다. 여러분도 다른 요소들을 사용해서 자신이 원하는 소리를 찾아보시기 바랍니다.

● 샘플러: 오디오 파일 소스를 가공해 연주할 수 있는 악기입니다.

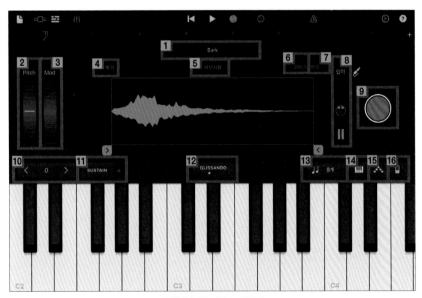

그림 1-1-27 키보드: 샘플러

1 **악기 탭**: 음색을 고르고 다운로드할 수 있습니다.

2 **Pitch**: 피치밴드라고 불리며, 자신이 누른 음의 음정을 위아래로 움직일 수 있습니다.

3 **Mod**: 모듈레이션이라고 불리며, 모듈레이션 계열 이펙터의 양을 조절할 수 있습니다.

4 **복귀**: 샘플 변경사항을 초기화합니다.

5 세부사항

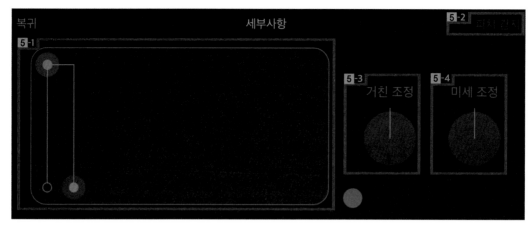

그림 1-1-28 키보드: 샘플러 세부사항

5-1 Shape 포인트를 조절해 샘플 소리의 증가, 감소, 유지, 잔향을 조절할 수 있습니다.

5-2 **피치 감지**: 오디오 파일의 음정을 감지해 가장 가까운 음표로 맞춰줍니다.

5-3 **거친 조정**: 음정을 반음 단위로 조절할 수 있습니다.

5-4 **미세 조정**: 음정을 더 작은 단위로 조절할 수 있습니다.

6 리버스: 오디오 샘플의 앞뒤를 바꿉니다.

7 루프: 음을 계속 누르고 있으면 오디오 파일을 반복해 재생합니다.

8 입력: 녹음되는 소리의 크기를 조절합니다.

9 녹음 버튼: 녹음을 활성화합니다.

10 옥타브 변경 버튼: 연주할 수 있는 키보드의 음역대를 옥타브 단위로 옮깁니다.

11 SUSTAIN: 오른쪽으로 드래그하면 음을 유지해줍니다.

12 GLISSANDO: 키보드를 누른 채 좌우로 움직이면 음이 바뀝니다.

12-1 **SCROLL**: 키보드를 누른 채 좌우로 움직이면 키보드 전체가 좌우로 이동합니다.

12-2 **PITCH**: 키보드를 누른 채 좌우로 움직이면 음이 부드럽게 바뀝니다.

13 음계: 연주할 음계를 선택할 수 있으며 각 음계에 대한 설명도 함께 표시합니다.

14 키보드 제어기: 키보드의 크기를 변경할 수 있습니다.

15 아르페지에이터: 누른 음들을 아르페지에이터의 패턴에 맞게 연주합니다.

16 화음 스트립: Smart Piano 기능을 사용할 수 있습니다.

■ 기타 & 베이스

그림 1-1-29 악기 선택 화면: 기타 & 베이스

● Smart Guitar: 개러지밴드의 특별한 기능으로, 이 기능을 사용하면 초보자도 손쉽게 기타를 연주할 수 있습니다.

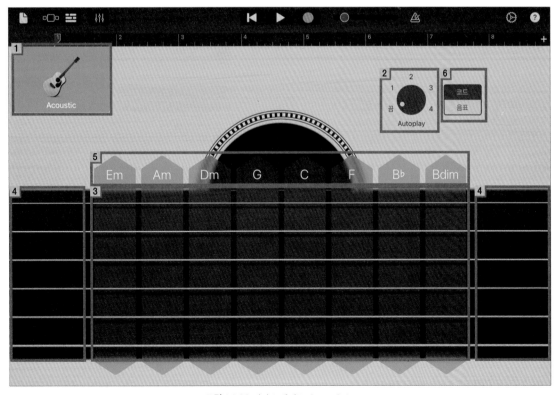

그림 1-1-30 기타 & 베이스: Smart Guitar

1 **악기 탭**: 기타 음색을 고를 수 있습니다.

2 **Autoplay**: 누른 코드를 무작위로 연주하며, 패턴을 변경할 수 있습니다.

3 피아노와 같이 코드는 설정된 스케일에 따라 바뀌며, 줄을 쓸어내려 코드를 연주하거나 음을 연주할 수 있습니다.

4 연주 중 오른쪽 혹은 왼쪽의 프렛 부분을 누르면 뮤트됩니다.

5 화면 상단의 코드를 누르면 코드가 연주됩니다.

6 음표 버튼을 누르면 일반 기타처럼 연주할 수 있는 Notes로 바뀝니다.

● Notes: 실제 기타처럼 연주할 수 있는 기능입니다.

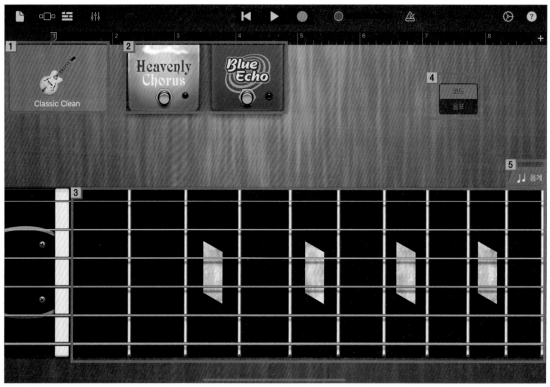

그림 1-1-31 기타 & 베이스: Notes

1 **악기 탭**: 기타 음색을 고를 수 있습니다. 음색 중에 Retro Wah를 사용하면 Face control 기능을 사용해 Wah 이펙터의 페달을 조절할 수 있습니다.

2 각 음색별로 추가되는 이펙터를 끄고 켤 수 있습니다.

3 스트링을 탭하여 연주하며, 위아래로 드래그하여 피치밴딩을 사용할 수 있습니다.

4 코드로 바꿀 경우 Smart Guitar 기능이 켜집니다.

5 음계 버튼을 누를 경우 연주할 음계를 선택할 수 있으며, 해당 음계의 음만 표시합니다.

● 음계: 자신이 연주하고자 하는 음계를 선택할 수 있고, 해당 음계의 음만 표시합니다.

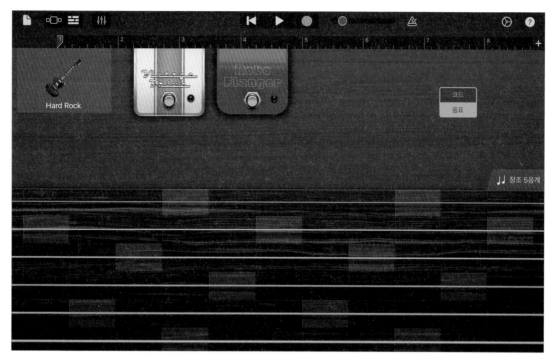

그림 1-1-32 기타 & 베이스: Notes 음계

■ 그 외 악기

● 앰프: 실제 기타 또는 베이스기타를 연주할 때 개러지밴드를 앰프로 사용할 수 있는 기능입니다. 내장된 앰프와 스톰박스(이펙터)를 사용해 소리에 변화를 줄 수 있습니다.

그림 1-1-33 그 외 악기: 앰프

1 먼저 기타와 베이스기타 두 가지로 나뉘며 앰프를 옆으로 쓸어넘겨 다른 앰프로 변경할 수 있습니다(각 앰프에 따라 소리가 바뀝니다).

2 좌측 상단 위에서 둘째 칸을 누르면 저장돼 있는 앰프 프리셋을 불러올 수 있습니다.

3 우측 상단의 입력 설정 버튼을 통해 입력 음량을 조절할 수 있습니다.

3-1 자동 버튼을 클릭하여 자동으로 입력 게인을 조절할 수 있습니다.

3-2 Inter-App Audio로 연결해 사용합니다.

3-3 모니터를 켜서 입력되는 사운드를 들을 수 있습니다.

3-4 노이즈 게이트를 사용해 일정 레벨 이하의 소리를 없앨 수 있습니다(주로 노이즈를 없애는 데 사용해 노이즈 게이트라 부릅니다).

3-5 적정 레벨일 경우 아이콘 옆에 초록 불이 들어오며, 입력 레벨이 과할 경우 빨간 불이 들어옵니다.

그림 1-1-34 그 외 악기: 앰프 - 입력 설정

4 우측 상단에 있는 튜너 버튼을 클릭하여 튜닝할 수 있습니다.

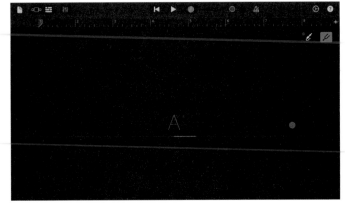

그림 1-1-35 그 외 악기: 앰프 - 튜너

⑤ 각 노브를 움직여 앰프 사운드를 조절합니다.

그림 1-1-36 그 외 악기: 앰프 - 조절 화면

⑤ -1 **GAIN**: 입력 신호를 조절합니다.

⑤ -2 **EQ**: BASS, MIDS, TREBLE 세 가지 주파수 영역으로 나뉘어 각 영역의 소리를 작게 하거나 크게 할 수 있습니다.

⑤ -3 **REVERB**: 잔향의 양을 조절할 수 있습니다.

⑤ -4 **TREMOLO**: 소리를 떨리게 만듭니다. DEPTH를 통해 소리가 떨리는 깊이를, SPEED를 통해 소리가 떨리는 속도를 조절합니다.

⑤ -5 **PRESENCE**: 소리의 고음역대 부분을 조절하여 음색을 조절합니다. EQ의 고음역대 조절과는 다른 처리 방식입니다.

⑤ -6 **MASTER**: 소리 크기를 조절합니다.

⑤ -7 **OUTPUT**: 최종 소리 크기를 조절합니다.

⑥ 스톰박스를 추가해 이펙터를 사용할 수 있습니다. 모니터링이 켜진 경우 크로스토크(채널 간 신호가 서로 새는 것)로 인해 피드백이 생길 수 있습니다. 이 경우 설정으로 들어가 개러지밴드에서 크로스토크 보호를 끄고 켤 수 있습니다.

그림 1-1-37 그 외 악기: 앰프 - 스톰박스

⑥ -1 빈 칸을 클릭하여 이펙터를 추가하고, 이펙터의 노브로 사운드를 조절합니다.

⑥ -2 제일 하단의 버튼을 누르면 해당 이펙터의 효과를 끄고 켤 수 있습니다.

⑥ -3 Wah pedal을 사용할 경우, Face control을 지원하는 기기에서는 입을 벌리고 오므리며 소리를 조절할 수 있습니다.

● **오디오 레코더**: 오디오 트랙을 생성합니다. 음성과 악기 두 가지로 나누어 설명하겠습니다.

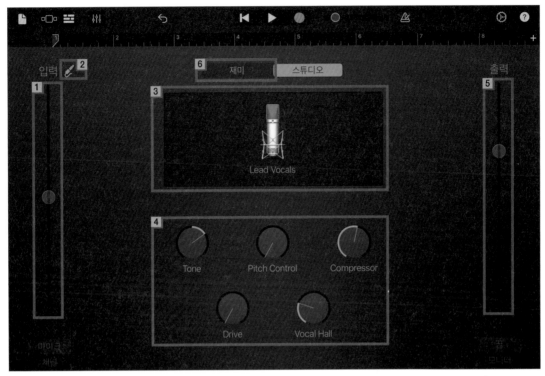

그림 1-1-38 그 외 악기: 오디오 레코더(음성)

▣ 먼저 음성 녹음입니다. 왼쪽의 입력 게인을 통해 들어오는 소리의 크기를 조절합니다.

▣ 입력 글자 옆의 아이콘을 누르면 세부 설정을 할 수 있습니다.

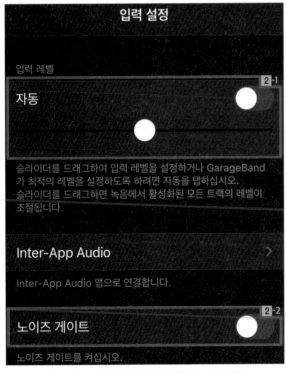

그림 1-1-39 그 외 악기: 오디오 레코더(음성) - 입력 설정

▣-1 자동 버튼을 켜면 자동으로 입력 게인을 조절합니다.

▣-2 노이즈 게이트를 사용해 일정 레벨 이하의 소리를 없앨 수 있습니다(주로 노이즈를 없애는 데 사용하여 '노이즈 게이트'라고 불립니다).

☒ 가운데를 클릭해 프리셋을 바꿀 수 있습니다.

☒ 밑의 노브를 통해 소리를 세밀하게 조절할 수 있습니다.

☒ 맨 우측의 출력을 통해 가공을 거친 소리의 크기를 조절합니다.

☒ 재미 버튼을 누르면 음성 변조를 할 수 있습니다. 이전과 똑같이 왼쪽 입력을 거쳐 소리가 들어오고 각 아이콘을 클릭하여 음성 변조를 할 수 있으며, 출력으로 가공을 거친 소리의 크기를 조절합니다. 또한 Extreme Tuning 기능으로 요즘 핫한 Auto Tune을 손쉽게 사용할 수 있습니다.

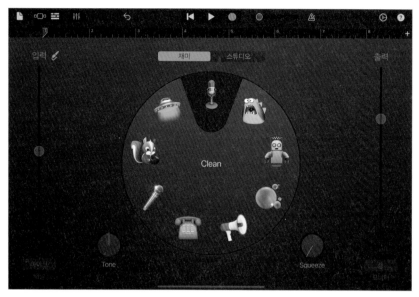

그림 1-1-40 그 외 악기: 오디오 레코더(음성) - 재미

악기 모양의 아이콘을 누른 뒤 Fun: Extreme Tuning을 선택합니다. 설정에서 노래에 맞는 키로 설정한 뒤 이 기능으로 Auto Tune을 간단히 사용할 수 있습니다.

그림 1-1-41 그 외 악기: 오디오 레코더(음성) - Extreme Tuning

다음은 악기입니다. 오디오 레코더 첫 화면에서 악기 버튼을 누르면 이 화면이 나옵니다. 똑같이 왼쪽의 입력으로 들어오는 소리의 크기를 조절하며 각 노브로 세부사항을 설정한 뒤 출력으로 최종 소리의 크기를 조절해 사용합니다. 가운데 악기 모양을 클릭하여 프리셋을 변경할 수 있습니다. 공통적으로 모니터 버튼으로 모니터링을 끄고 켤 수 있습니다.

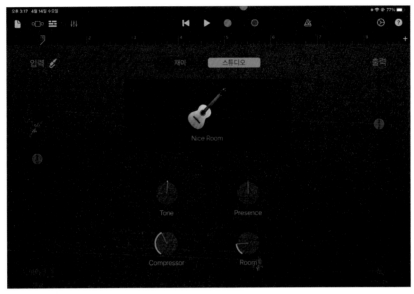

그림 1-1-42 그 외 악기: 오디오 레코더(악기)

● 스트링

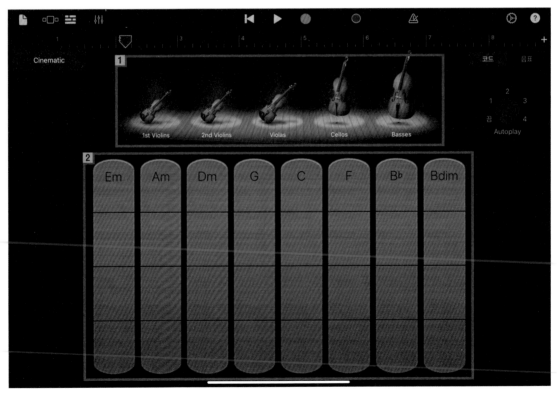

그림 1-1-43 그 외 악기: 스트링

1 먼저 Smart String입니다. 빛나고 있는 악기들을 누르면 해당 악기의 소리를 끌 수 있습니다.

2 스트링 악기는 격자를 탭하면 피치카토(줄을 튕겨서 짧게 소리를 내는 주법)로 연주되고, 활을 켜듯이 위아래로 손을 드래그하면 음이 길게 연주됩니다. 스트랩을 위아래로 빠르게 쓸어넘기면 스타카토(음이 짧게 끊어지게 하는 주법)로 연주됩니다.

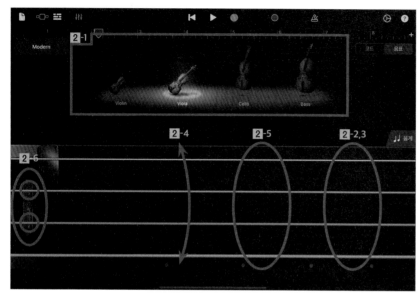

2-1 Notes에서는 개별 악기로 연주할 수 있습니다.

2-2 **레가토**: 스트링을 길게 터치합니다.

2-3 **짧은 레가토**: 스트링을 탭합니다.

2-4 **보잉**: 왼쪽 아래 버튼을 터치하고 동시에 위아래로 쓸어넘깁니다.

2-5 **피치카토**: 왼쪽 위의 버튼을 터치하고 동시에 스트링을 탭합니다.

2-6 **왼쪽 버튼 잠그기**: 더블 탭을 하면 해당 주법으로 잠금됩니다. 다시 더블 탭을 하여 잠금을 해제합니다.

그림 1-1-44 그 외 악기: 스트링 - Notes

음계는 Notes와 같으나, 음계가 칸으로 나뉘어서 연주하기가 더 편리합니다.

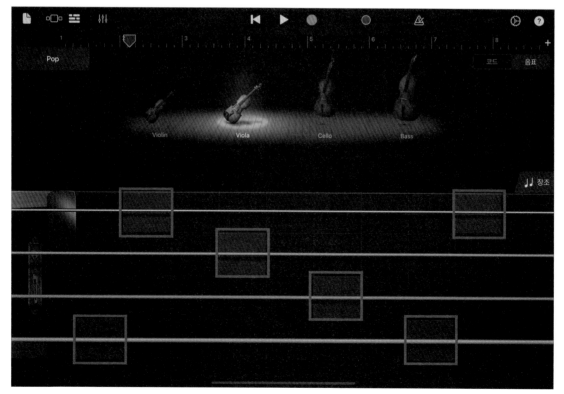

그림 1-1-45 그 외 악기: 스트링 - 음계

● 비파: 코드와 음표 버튼으로 화음 스트랩 혹은 음표 연주로 바꿀 수 있습니다. 전체적으로 기타와 연주법이 비슷하며, 연주 중 오른쪽 아래의 버튼을 클릭해서 트레몰로 주법으로 연주할 수 있습니다(오른쪽으로 갈수록 트레몰로의 주기가 빨라집니다).

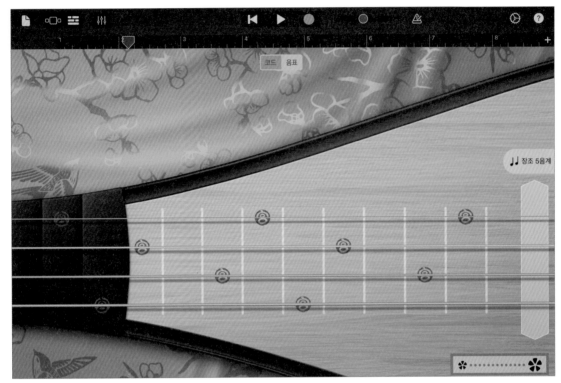

그림 1-1-46 그 외 악기: 비파

● 이호: 이호 역시 전반적으로 기타와 연주법이 비슷합니다.

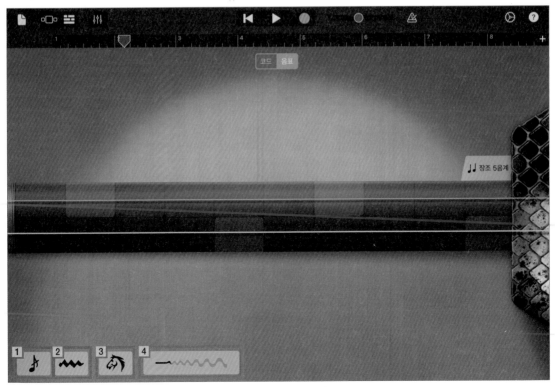

그림 1-1-47 그 외 악기: 이호

1 누르면서 연주하면 꾸밈음을 추가해줍니다.

2 트릴을 추가해줍니다. 위아래로 움직여 속도를 조절합니다.

3 말 울음 소리 효과를 냅니다.

4 비브라토 주법으로 연주하며, 좌우로 움직여 속도를 조절합니다.

● Drummer: 가상의 Drummer를 세션으로 사용하여 실제 연주하는 듯한 드럼을 사용할 수 있습니다.

먼저 첫 화면입니다. 어쿠스틱 드럼과 일렉트로닉 드럼 중 선택할 수 있고, 어느 쪽을 선택하든 나중에 설정에서 바꿀 수 있습니다.

그림 1-1-48 그 외 악기: Drummer

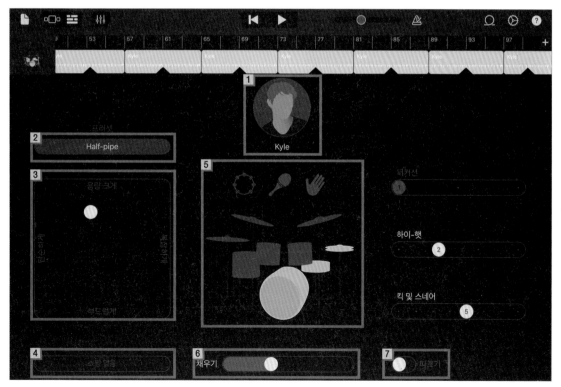

그림 1-1-49 그 외 악기: Drummer - 설정 화면

설정 화면입니다. 하나씩 자세하게 알아보겠습니다.

그림 1-1-50 그 외 악기: Drummer - Drummer 고르기

1 가운데 인물 초상화를 누르면 Drummer를 고를 수 있습니다. 장르별로 다양한 Drummer들이 있으니 자신이 원하는 장르에 맞게 골라줍니다.

그림 1-1-51 그 외 악기: Drummer - Preset

2 Preset에서 드럼킷을 선택합니다. 장르에 맞는 Drummer도 중요하지만, 장르에 맞는 드럼 샘플도 중요하니 필요한 장르에 맞게 골라줍니다.

3 **XY 패드**: 패드 위의 퍽을 움직여 손쉽게 드럼 패턴의 복잡도와 벨로시티를 조절할 수 있습니다.

4 **스윙 메뉴**: 해당 드럼 패턴의 스윙값을 조절할 수 있습니다.

5 **키트 피스**: 드럼키트에서 사용할 파트를 선택한 뒤, 우측에서 패턴을 변경할 수 있습니다.

6 **채우기**: 해당 영역 내의 드럼 샘플 양을 조절합니다(많이 채울수록 박자를 더 쪼개서 연주하겠지만, 과하게 사용하면 드럼 소리에 다른 악기들이 묻힙니다).

7 따르기: 이 기능을 켜면 킥 및 스네어 악기를 선택한 악기(해당 프로젝트에 사용된 트랙 악기)의 리듬에 맞춰 연주합니다. 참고로 필자는 베이스 악기에 물려서 사용했을 때 아주 만족스러웠습니다.

그림 1-1-52 그 외 악기: Drummer - 따르기

■ 확장 프로그램 추가하기

개러지밴드 외의 회사에서 만든 외장 악기들을 추가할 수 있습니다. 연주하는 악기 외에 이펙터 악기들도 추가할 수 있습니다. 확장 프로그램을 추가하는 방법은 두 가지입니다.

1. **Audio Unit(AU) 확장 프로그램**: 개러지밴드 내에서 연동되는 악기를 추가하는 방법입니다. 개러지밴드 어플 내에서 소리를 변화시킬 수 있고, 연주 녹음 후 노트 수정과 악기 음색을 조절할 수 있다는 장점이 있습니다.

2. **Inter-App Audio**: Stand alone으로 실행된 외부 악기들의 소리를 개러지밴드의 오디오 트랙으로 녹음하는 방법입니다.

개러지밴드에 기본적으로 제공되는 악기들뿐만 아니라 유료 혹은 무료로 사용할 수 있는 다양한 확장 악기에 대해 알아봅시다.

그림 1-1-53 악기 추가창: External

악기 추가창에서 External을 찾으면 'Audio Unit 확장 프로그램'과 'Inter-App Audio'가 있습니다.

그림 1-1-54 악기 추가창: External: Audio Unit 확장 프로그램

먼저 Audio Unit 확장 프로그램을 알아봅시다. 첫 화면은 다음과 같습니다. 필자는 Model D라는 악기를 보유하고 있어서 저런 아이콘이 있지만, 없는 경우에는 텅 빈 화면이 보일 것입니다. 이 확장 프로그램들은 App Store에서 다운로드하는데, 유료인 경우도 있고 무료인 경우도 있습니다. 우선 상단 가운데의 'App Store에서 더 찾기'를 눌러 악기를 다운로드합시다.

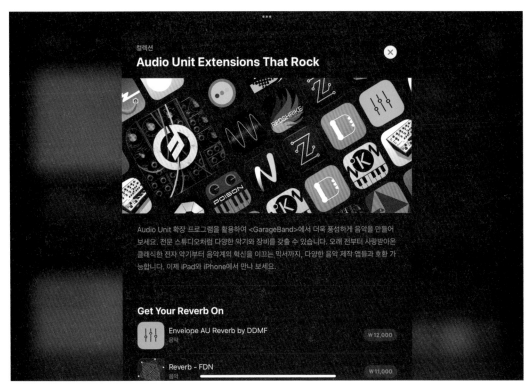

그림 1-1-55 Audio Unit 확장 프로그램: App Store에서 더 찾기

바로 App Store로 이동되며, Audio Unit 확장 프로그램으로 사용할 수 있는 앱들을 모아 보여줍니다. 신디사이저와 같이 음색을 골라 사용할 수 있는 악기들도 있지만 소리를 가공시켜줄 수 있는 이펙터 악기들도 확인할 수 있습니다.

그림 1-1-56 악기 추가창: External - Inter-App Audio

위 화면은 Inter-App Audio로 들어갔을 때의 화면입니다. Audio Unit 확장 프로그램과의 차이점을 알아봅시다. 우선 Audio Unit 확장 프로그램의 경우에는 악기를 개러지밴드의 프로젝트 내에 불러와서 사용하는 개념입니다. 반대로 Inter-App Audio는 개러지밴드 외부의 악기를 개러지밴드 내부에 녹음하여 사용합니다. 쉽게 이해하자면, Audio Unit 확장 프로그램은 일반 개러지밴드 내의 신디사이저나 악기들과 같이 사용이 가능하고, Inter-App Audio는 다른 악기들을 기타나 여

러 어쿠스틱 악기 같이 개러지밴드에 녹음하여 사용한다는 것입니다. 그래서 Inter-App Audio의 경우에는 어느 정도의 연주실력이 반드시 필요합니다(틀리면 원하는 소리가 녹음될 때까지 재녹음을 해야 하기 때문입니다).

그림 1-1-57 Audio Unit 확장 프로그램으로 악기를 불러온 화면

[그림 1-1-57]은 Audio Unit 확장 프로그램으로 악기를 불러온 모습입니다. 다른 악기들과 같이 사용하면 됩니다.

그림 1-1-58 Inter-App Audio로 악기를 불러온 화면

[그림 1-1-58]은 Inter-App Audio를 통해 악기를 불러온 모습입니다. 좌측 상단을 보면 개러지밴드 아이콘과 녹음과 관련된 버튼들이 있습니다. 연주가 준비되어 녹음 버튼을 눌러 녹음하면 개러지밴드로 녹음됩니다.

그림 1-1-59 트랙뷰: 악기 믹서창

다음은 이펙터 악기를 불러와 사용하는 법을 알아봅시다. 다른 이펙터를 불러와 사용하는 법과 동일합니다. 트랙뷰의 믹서창을 열어 '플러그인 및 EQ'로 들어갑니다.

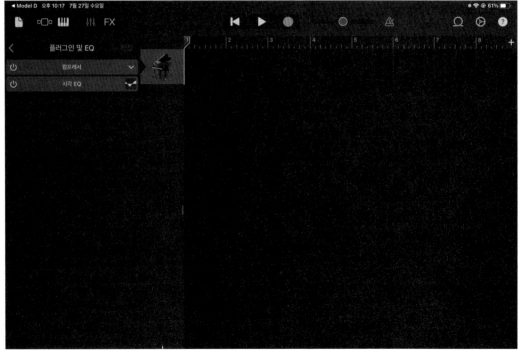

그림 1-1-60 트랙뷰: 악기 믹서창 - 플러그인 및 EQ

플러그인 및 EQ의 옆에 있는 편집 버튼을 눌러줍니다.

그림 1-1-61 플러그인 및 EQ 편집: + 버튼 - Audio 확장 프로그램

좌측에 생기는 초록색 + 버튼을 누르고 Audio Unit 확장 프로그램을 누르면 이와 같이 사용할 수 있습니다. 처음에 다운로드를 따로 하지 않더라도 기본적으로 주어지는 Audio Unit 확장 프로그램의 이펙터 악기들이 있으니 잘 활용해서 좋은 음악을 만들어봅시다.

1-4 그 외 따라할 수 있는 시퀀서

작곡 프로그램에는 작곡에 필요한 모든 기능들이 있습니다. 하지만 디자인이나 자주 사용되는 분야, 플러그인 악기 호환성 등에 따라 기호가 나뉩니다. 지금부터는 다른 시퀀서들에 대해서 알아보겠습니다.

■ 로직프로

iOS에서 사용할 수 있는 작곡 프로그램으로, 개러지밴드의 업그레이드 버전으로 생각하셔도 됩니다. 여타 프로그램에 비해 가격대가 저렴하며, 애플 제품답게 직관적인 심플한 디자인과 고품질의 기본 플러그인이 장점입니다. 요즘 맥을 사용하는 사람이 많아지면서 이용자도 증가하는 추세입니다. 개러지밴드와 같이 Audio Unit(AU) 규격의 플러그인들을 사용합니다.

그림 1-1-62 로직프로 아이콘

■ 큐베이스

큐베이스는 스테인버그에서 만든 작곡 프로그램으로, 맥에서도 사용할 수 있지만 주로 윈도우 사용자들이 사용합니다. 예전부터 크랙 버전을 구하기가 쉬웠기 때문에 큐베이스5가 작곡을 시작하는 사람들이 쉽게 접하는 작곡 시퀀서로 인식되기도 했습니다. VST라는 규격이 사용됩니다.

그림 1-1-63 CUBASE 아이콘

■ 에이블톤

일렉트로닉 뮤직, 디제잉 등 라이브 퍼포먼스를 하는 사람들이 주로 사용하며, 사용자에게 맞게 우수한 품질의 사운드팩을 많이 제공합니다. 기본 이펙터들이 사용하기 편하고, 직관적인 인터페이스로 소리가 변하는 것을 보여주는 점이 강점입니다.

그림 1-1-64 에이블톤 라이브 아이콘

■ 프로툴스

필자가 주로 사용하는 작곡 프로그램입니다. 녹음실에 가면 대개 이 프로그램을 사용하는데, 오디오 파일 편집에서는 일인자라고 생각하시면 됩니다. 프로툴스는 수많은 업데이트를 거치면서 작곡 시에도 편리하게 사용할 수 있는 프로그램이 되었고, 우수한 품질의 플러그인도 매우 많다는 장점이 있습니다. AAX 규격을 사용합니다.

그림 1-1-65 프로툴스 아이콘

■ FL 스튜디오

이 프로그램 역시 일렉트로닉 뮤직이나 힙합비트를 만들기에 유용하게끔 디자인됐습니다. 하나의 루프를 만들고 루프를 구성하여 곡을 완성하는 방식입니다. 유튜브에 튜토리얼이 가장 많기 때문에 초보자가 접하기에 가장 쉽습니다(물론 잘못된 정보도 많으니 주의해야 합니다).

그림 1-1-66 FL Studio 아이콘

이외에 Native Instruments에서 나온 Maschine, Studio One, Reason 등 수많은 프로그램이 있습니다. 제각각 장점과 단점이 있지만, 가장 중요한 것은 '어떤 프로그램을 사용하느냐'보다는 '이 프로그램으로 얼마나 좋은 음악을 만드는가'일 것입니다.

작곡은 작곡가가 생각하는 내용을 전달하는 것입니다. 모든 예술행위는 예술가가 말하고자 하는 것을 작품에 담아 사람들에게 전달하는 것이 목표입니다. 평소에 누군가에게 말을 할 때도 마찬가지입니다. 필자가 여러분에게 '나, 독자, 사랑'이라는 키워드로 의사를 전하고 싶다고 합시다. 매끄럽게 전달하려면 "나는 독자들을 사랑합니다"라고 말할 수 있습니다. 하지만 만약 제가 나이가 어리다면 "난 독자를 사랑해"라고 할 수도 있고, 혹 한국어에 서툰 외국인이라면 키워드 그대로 '나, 독자, 사랑' 과 같이 단순히 단어를 나열할 수도 있을 것입니다. 즉 문장은 다 다르지만 모두 '내가 독자들을 사랑한다'는 뜻을 전합니다. 그렇지만 필자는 어리지도 않고 한국어를 잘하는 사람이기에 맨 처음 표현이 가장 적당할 것입니다.

이처럼 단순히 말을 전할 때도 상황에 맞는 문장의 구조가 있는데, 음악으로 말하자면, '자신이 표현하고자 하는 음악의 장르와 분위기에 따라 멜로디에 어울리는 코드의 구조가 있다'는 것입니다. 즉 코드의 진행입니다.

'머니코드'라는 말을 들어보셨나요? 대중음악에 가장 많이 쓰이는 코드 진행이라는 뜻입니다. 지금부터는 '머니코드'와 같이 자주 들을 수 있는 대표적인 코드 진행을 알아봅시다. 단 몇 개의 코드만으로도 어떤 노래든 표현할 수 있습니다(이론을 더 자세히 알면 좋겠지만, 과도한 이론 수업은 오히려 작곡에 흥미를 떨어뜨릴 수 있어서 쉽게 접근해보겠습니다).

4-3-2-1 진행

1-6-4-5 진행

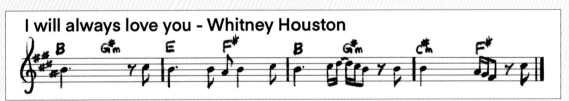

2-5-1 진행(2-5-1 변형 포함)

코드 이론에 대해서는 뒤에서 더욱 자세하게 알아보겠습니다.

Chapter 2

있으면 편리한 장비 알아보기

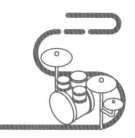

지금까지 작곡에 필요한 프로그램에 대해 알아봤다면, 이번에는 '있으면 편리한' 장비에 대해 알아봅시다. 혹자는 작곡을 시작할 때 꼭 '필요한' 장비라고 하지만, 제가 보기엔 '있으면 편리하지만 없어도 무방한' 장비입니다. 누군가가 필자에게 "이 장비들이 없으면 작곡을 할 수 없나요?"라고 묻는다면 "아니요"라고 답할 것이기 때문입니다.

물론 장비가 없다면 버벅거림이 발생할 수 있고, 모니터링을 제대로 하기에도 어렵고, 연주할 때도 불편하다는 등의 여러 애로 사항이 있겠지만, 처음 시작하는 누군가에겐 오히려 장비가 부담이 될 수 있습니다. 작곡은 있는 사람은 있는 대로, 없는 사람은 없는 대로, 즉 누구나 따라할 수 있어야 한다고 생각합니다.

2-1 오디오 인터페이스

이 책을 집어든 독자라면 분명 한 번쯤은 찾아보았을 것입니다. 한마디로 '일당백'을 하는 장비입니다.

그림 1-2-1 Scarlett 2i2 인터페이스

그림 1-2-2 Motu m4 인터페이스

그림 1-2-3 Apollo twin 인터페이스

그림 1-2-4 RME Babyface Pro 인터페이스

■ 기능

프로의 녹음실을 보면 기계가 엄청 많습니다. 처음 보는 사람은 '작곡하는 데 저런 게 다 필요해?'라는 생각부터 들 것입니다. 네모난 박스에 스위치랑 노브 몇 개 있는 녀석들이 얼마나 많은지… 그런 수많은 박스의 기능을 압축하고 또 압축해서 하나로 만든 것이 바로 인터페이스입니다.

- **AD/DA**: Analog to Digital/Digital to Analog라고 생각하면 됩니다. 쉽게 말해서, 우리가 실제로 연주하는 음악을 디지털 신호로 바꾸고, 다시 디지털 신호를 우리가 들을 수 있게 아날로그 신호로 바꿔줍니다. ADC/DAC, 즉 Analog to Digital audio Convertor / Digital to Analog audio Convertor라고 표기하기도 합니다.

- **Buffer size 조절**: 쉽게 설명하기 위해 컴퓨터의 데이터를 물이라고 해봅시다. 그 물을 양동이에 담아 물이 가득 찰 때마다 양동이를 옮긴다면, 양동이 크기에 따라 옮기는 횟수(즉 빈도)가 달라지게 됩니다. 양동이 크기가 작을수록 자주 물을 옮겨야 되고, 양동이를 옮기는 일꾼도 힘들어질 것입니다. 여기서 양동이 크기를 Buffer size, 일꾼을 CPU, 물을 옮기는 간격을 Latency(지연시간)라고 해봅시다. Buffer size가 크면 CPU는 일이 줄어서 편하지만, Latency가 커지게 됩니다. Latency가 커지면 녹음처럼 실시간으로 반응하는 작업을 할 때 불편함이 커지게 됩니다. 대신 CPU의 부담이 작아져서 많은 악기를 사용할 수 있게 됩니다. 즉, 복잡하게 생각할 필요 없이 '녹음 시에는 작은 Buffer size, 믹싱 시에는 적당히 높은 Buffer size'라고 외워두면 됩니다.

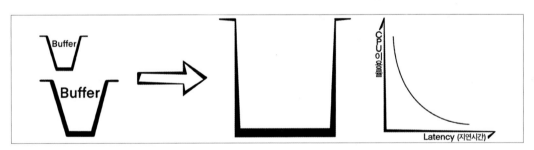

그림 1-2-5 Buffer size와 Latency의 연관성

구분	Latency(물 채워지는 시간)	CPU(일꾼)
작은 Buffer size	빠름	바쁨
큰 Buffer size	느림	덜 바쁨
결론	Latency가 높으면 불리한 녹음 작업 시에는 작은 Buffer size	
	CPU 사용률이 높으면 불리한 믹싱 작업 시에는 큰 Buffer size	

- **Sample rate 조절**: 44.1kHz, 48kHz 등의 숫자들을 본 적이 있을 것입니다. 바로 Sample rate입니다. '1초에 신호를 몇 번 샘플링 하느냐'를 설정하는 기능입니다.

보통 인간의 가청 주파수를 20Hz~20kHz로 보는데, 나이퀴스트 이론에 따르면 이에 맞는 최소한의 Sample rate는 40kHz입니다. 여기에 여러 이유가 더해져 44.1kHz가 대부분의 오디오 규격으로 사용되지만 프로들의 작업에서는 48kHz 혹은 그 이상이 사용됩니다.

■ 자신에게 맞는 장비 고르는 법

요즘 출시되는 중저가 인터페이스는 그야말로 만능입니다. 미디작업 혹은 홈 레코딩에 필요한 모든 기능이 탑재되어 부족함 없는 장비라고 생각됩니다. 단, 몇 가지를 고려해야 합니다.

- 프리앰프: 음성 녹음 악기를 녹음할 때 사용합니다. 또한 인터페이스별로 뉘앙스가 다르기 때문에 '내가 원하는 소리'를 내는 프리앰프를 가진 인터페이스를 골라야 합니다. 각 회사 혹은 판매사에서도 마이크, 프리앰프별로 소리를 비교해놓으니 찾아보고 들어본 후 선택하시기 바랍니다.

- 연결단자: 요즘은 대부분 USB 단자를 사용하지만 Thunderbolt cable만 지원하는 인터페이스도 있으니 구매하기 전에 꼭 확인해야 합니다.

- Channel 수: 여러 악기를 동시에 녹음한다거나 방송으로 여러 채널을 송출해야 하는 경우가 생기는데, 이 경우 채널 수가 모자라면 낭패입니다. '언젠가 나도 이런 상황이 발생할 수 있겠다'는 생각이 든다면 채널 개수가 여유 있는 인터페이스를 선택하는 것이 좋습니다.

- 전원 유무: 쉽게 지나칠 수 있지만 노트북이나 아이패드로 작업하는 분들에게는 중요한 사항입니다. 음향기기와 같이 전기에 민감한 장비에서 전원 공급은 매우 중요합니다. 전원 공급이 불안하면 노이즈가 발생하기 때문입니다. 참고로 필자는 연결 컴퓨터에서 전원을 공급받는 방식보다 인터페이스 자체로 전원 공급을 할 수 있는 장비를 선호합니다.

■ 기기의 구성요소 살펴보기

오디오 인터페이스의 공통적인 기능에 대해 알아보겠습니다.

사진	이름	설명
그림 1-2-6 인터페이스 Input	Input	마이크 및 악기를 연결하는 부분입니다. 옆에 보이는 소켓은 '콤보 소켓'이라 불리는데, 마이크 케이블과 악기 케이블을 둘 다 꽂을 수 있는 소켓입니다. 마이크, 악기 케이블 소켓이 따로 있는 인터페이스도 있으니 알아두면 좋습니다. 악기 및 마이크는 Mono 입력이 기본이기에 이와 같이 하나의 Input에 꽂아 녹음할 때는 Mono 트랙으로 녹음을 진행해야 합니다.
그림 1-2-7 인터페이스 Input Gain	Input Gain	Input으로 들어온 신호의 음량을 조절하는 노브입니다. 연결 시 최대한 낮춘 상태에서 연결해 점차 게인을 올리면서 볼륨을 맞추는 것이 이상적입니다.

그림	이름	설명
그림 1-2-8 인터페이스 Inst	Inst	이 버튼은 있을 수도 있고 없을 수도 있습니다. 악기를 Input에 연결해 녹음할 경우 이 버튼을 누르면 게인 임피던스가 악기 모드로 바뀝니다(간단히 말해 악기 녹음 시 사용하는 버튼입니다).
그림 1-2-9 인터페이스 Phantom Power	Phantom Power	마이크 입력용 Phantom Power 버튼입니다. 별도의 전원 입력이 있거나 다이내믹 마이크 등 Phantom Power가 필요 없는 경우도 있으니 꼼꼼하게 확인해보고 사용해야 합니다. 충격에 약하고 보호 회로가 없는 마이크, 악기, 아웃보드 장비는 Phantom Power를 켜면 고장이 날 수 있으니 매우 주의해야 합니다.
그림 1-2-10 인터페이스 Monitor	Monitor (Volume/ Output)	오디오 인터페이스를 거쳐 '나가는' 소리의 음량을 조절합니다.
그림 1-2-11 인터페이스 헤드폰	헤드폰	헤드폰을 연결하고, 헤드폰의 볼륨을 조절합니다.
그림 1-2-12 인터페이스 USB 연결단자	USB 연결단자 (USB-C TYPE)	인터페이스와 아이패드(또는 컴퓨터)를 연결합니다. 대개 연결 케이블은 장비 구입 시 그 안에 들어있기 때문에 촬영해뒀다가 잃어버렸을 때 사진을 보고 동일 제품을 주문하면 됩니다.
그림 1-2-13 인터페이스 Line Outputs	Line Outputs	Line Outputs입니다. Unbalance 연결(기타 연결용 Mono 케이블로 생각하면 편합니다)과 Balance 연결(마이크 연결용 케이블, TRS 케이블로 생각하면 됩니다) 방식이 있는데 우리는 방안에서 사용할 것이기 때문에 Unbalance 연결도 상관없으니, 남는 케이블로 연결하면 됩니다.

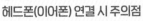

헤드폰(이어폰) 연결 시 주의점

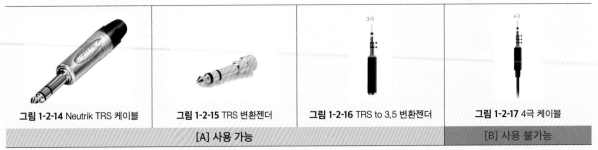

그림 1-2-14 Neutrik TRS 케이블	그림 1-2-15 TRS 변환젠더	그림 1-2-16 TRS to 3.5 변환젠더	그림 1-2-17 4극 케이블
[A] 사용 가능			[B] 사용 불가능

일반적인 헤드폰 연결단자는 TRS 단자(Tip, Ring, Sleeve), 즉 3개의 핀이 연결돼 소리가 전해집니다. 위 모양의 연결단자들은 연결 시 정상적인 소리를 들을 수 있습니다. 하지만 [B]처럼 생긴 4극 단자 이어폰을 사용할 때는 일부 소리가 안 들리거나 이상하게 들리는 경우가 있습니다. 어떤 차이 때문에 이런 상황이 생길까요?

차이점은 극이 1개 더 있다는 것입니다. 마이크용 극이 하나 더 추가돼 제대로 들리지 않는 것입니다. 이 경우 3극짜리 헤드폰, 이어폰을 따로 마련해 사용하길 추천합니다(4극을 3극으로 변환하는 젠더가 있긴 하지만, 저렴한 3극 이어폰이나 변환젠더나 가격차가 별로 없으니 3극짜리로 제대로 준비하여 사용하는 것이 좋습니다).

2-2 마스터 건반

작곡 영상들을 보다 보면 '저런 거 있으면 편하겠다' 하는 생각이 들 때가 있는데, 마스터 건반이 바로 대표적인 예입니다. 건반 형태만이 아니라 드럼패드, 기타 등 많은 형태의 악기가 있습니다.

■ 자신에게 맞는 장비를 고르는 법

자신이 어떤 악기에 익숙한지, 그리고 연주할 악기의 다양한 주법을 구사할 수 있는지 고려해본다면 쉽게 선택할 수 있습니다.

● Arturia Minilab: 마스터 건반과 작은 패드까지 있고, 민감하게 반응하는 Pitch Band와 Mod가 있어 연주하기가 편리합니다.

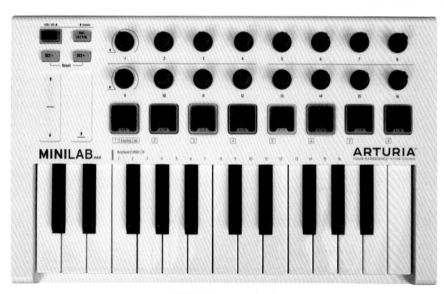

그림 1-2-18 Arturia Minilab

다음 악기들이 무료로 제공됩니다.

1. **Analoge LAB Lite**: Arturia사의 모든 소프트웨어 플러그인을 손쉽게 사용할 수 있게 프리셋을 한곳에 모아놓은 Analog Lab의 Lite 버전이 무료로 제공됩니다. 따라서 좋은 퀄리티의 악기가 무료로 제공된다는 큰 장점이 있습니다. 다만 CPU 사용량이 꽤 높습니다. Lite 버전 사용자들은 Full 버전을 할인된 가격에 업그레이드할 수 있으므로, Lite 버전을 구매하는 것이 좋습니다.

2. **Ableton Live Lite**: 컴퓨터 작업 시 사용할 수 있는 작곡 프로그램 Ableton Live를 Lite 버전으로 제공합니다.

3. **Grand Piano model D**: 좋은 퀄리티의 그랜드 피아노 악기입니다. 이것 역시 무료로 제공됩니다.

● Native Instrument Komplete Kontrol: 마스터 건반과 작업을 편리하게 해주는 다양한 버튼과 노브가 있고, 민감하게 반응하는 Pitch Band와 Mod가 있어 연주하기가 편리합니다.

그림 1-2-19 Native Instrument Komplete Kontrol

다음 악기들이 무료로 제공됩니다.

1. **Monark**: Analog Synthesizer 악기가 제공됩니다.
2. **The Gentleman**: 클래식 업라이트 피아노 악기가 제공됩니다.
3. **Reaktor Prism**: 좋은 퀄리티의 Synthesizer가 제공됩니다.
4. **Scarbee Mark I**: 1970년대의 일렉트릭 피아노 악기 사운드가 제공됩니다
5. **Komplete Kontrol Software**: Komplete Kontrol을 통해 악기 프리셋, 사운드 샘플을 쉽게 찾아 사용할 수 있습니다.
6. **Komplete Start**: 스튜디오 퀄리티의 사운드 샘플 2000개가 무료로 제공됩니다.
7. **Ableton Live Lite**: Ableton Live가 Lite 버전으로 제공됩니다.
8. **Maschine Essentials**: Native instruments사에서 만든 작곡 프로그램 Maschine이 무료로 제공되고, 기본 이펙터들을 제공해 키보드를 더 효율적으로 사용할 수 있습니다.

● **Novation Launch Key Mini**: 다른 마스터 건반들과 같이 작업에 유용한 버튼이 여러 개 있고, 터치패드로 이름난 회사답게 드럼 패드의 터치감이 좋습니다.

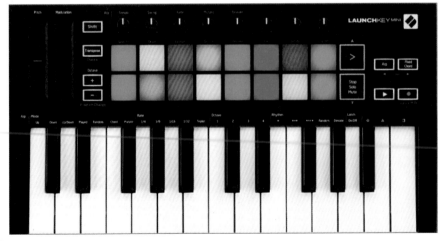

그림 1-2-20 Novation Launch Key Mini

다음 악기들이 무료로 제공됩니다.

1. **XLN Audio addictive keys**: 여러 피아노 사운드가 담긴 피아노 악기가 제공됩니다.
2. **AAS Session Bundle**
3. **Klevgrand**
4. **Spitfire Audio**
5. **Splice**: Splice 샘플 사이트의 2개월 구독권이 제공됩니다.

● Akai MPK mini: 다른 마스터 건반과 같이 작업에 유용한 버튼이 다양하며, 비트메이킹을 처음 접하는 분들에게 가장 인기 있는 마스터 건반입니다.

그림 1-2-21 Akai MPK mini

다음 악기들이 무료로 제공됩니다.

1. **MPC Beats**: Akai사에서 제공하는 작곡 프로그램입니다.
2. **Samples**: F9 Instruments, Decap, Sample Tools by Cr2, MSX Sound Design 등에서 샘플이 무료로 제공됩니다.

장비는 자신의 취향을 따라 선택하는 것이 좋습니다. 참고로 필자는 Arturia사의 악기를 좋아해서 활용성이 좋은 Arturia의 minilab을 사용합니다.

🎙2-3 모니터링 장비

자신이 만든 음악을 들을 수 있는 장비를 말합니다. 최대한 자신의 귀에 익숙하고 소리를 왜곡하지 않아야 합니다.

사진	이름	장점	단점
그림 1-2-22 Genelec 모니터 스피커	모니터 스피커	- 소리를 정확하게 들려준다. - 다른 장비로는 듣지 못하는 부분도 들을 수 있다. - 여럿이 같이 모니터링하기 좋다.	- 가격이 비싸다. - 음향 조건이 열악하다면 오히려 안 좋을 수 있다. - 공간에 제약이 있다. - 방음 설비가 철저한 곳에서 사용해야 한다.
그림 1-2-23 젠하이저 헤드폰	헤드폰	- 때론 모니터 스피커 이상으로 소리를 자세히 들을 수 있다. - 공간에 제약을 받지 않는다.	- 귀가 빨리 피로해진다. - 고급기 이상이 되면 모니터 스피커 이상으로 가격대가 높아진다.
그림 1-2-24 젠하이저 이어폰	이어폰	- 들고 다니기 쉽고 가격이 저렴하다. - 어디서나 구하기 쉽다.	- 대부분 소리 왜곡이 심하다. - 5.5 변환젠더가 필요하다.

🎙2-4 그 외 확장할 수 있는 장비

■ 연결 케이블

이 모든 장비를 연결하려면 연결 케이블이 필요합니다. 케이블의 종류가 매우 많으므로 자주 사용하는 몇 가지 케이블만 알아봅시다.

사진	이름	설명
그림 1-2-25 XLR 케이블 (위)암, (아래)수	XLR	캐논이라고도 불립니다. Balance 케이블로 자주 쓰이며 주로 마이크를 연결합니다.

그림 1-2-26 TRS 케이블	TRS	모양은 익숙하지만 이름은 생소할 수 있습니다. Tip, Ring, Sleeve의 앞 글자만 따서 TRS라고 하며, 주로 Balance 연결과 Stereo 장비 연결에 사용됩니다.
그림 1-2-27 TS 케이블	TS (Mono)	위의 케이블과 비슷하며, Tip과 Sleeve로만 구성됩니다. 주로 장비의 Mono 연결에 사용되고 Unbalanced 케이블로도 사용됩니다.
그림 1-2-28 RCA 케이블	RCA	장비 연결에 사용하는 케이블입니다. 예전에는 TV 뒷면에서 주로 연결된 모습을 찾을 수 있었습니다.

Balance 신호와 Unbalance 신호

우선 이 둘의 차이점을 알아봅시다. 먼저 케이블은 신호를 전달합니다. 집에서 사용하는 것처럼 가까운 거리에 있는 장비들끼리 신호를 전달할 때는 노이즈가 많이 들어가지 않는데, 이 경우에는 Unbalance 신호를 사용합니다. 하지만 야외 행사와 같이 장비 간의 거리가 먼 경우에는 신호를 전달해야 하는 길이가 길어지는 만큼 노이즈가 발생할 확률이 높아지는데, 이 문제를 해결하기 위해 Balance 신호를 사용합니다. 무슨 차이가 있는 걸까요? 그 차이를 자세히 알아봅시다.

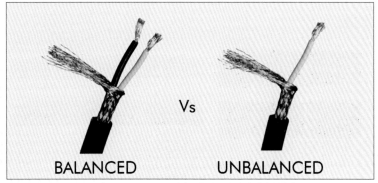

그림 1-2-29 Balanced 케이블과 Unbalanced 케이블 단면

1. 우선 두 케이블의 구성을 살펴봅시다. Balance 안에는 2개의 회선과 이를 감싸는 쉴드가 있습니다. 그리고 Unbalance는 1개의 회선과 쉴드로 이루어집니다. 이것이 바로 핵심입니다. Unbalance 케이블은 그저 신호 하나를 그대로 전달한다고 이해하면 됩니다. Balance는 [그림 1-2-30]과 함께 알아봅시다.

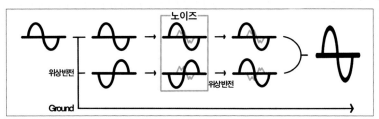

그림 1-2-30 Balanced 케이블의 노이즈 상쇄 원리

2. 먼저 위상이라는 것이 무엇일까요? 파동의 진행을 회전하는 원운동에 대응시켜서 나타낸 것을 뜻합니다. 쉽게 말해, 소리 신호를 눈으로 볼 수 있게 나타낸 것입니다. 신호는 [그림 1-2-30]에 나오는 파형으로 나옵니다. 그런데 똑같은 파형이 합쳐진다면 어떨까요? 당연히 신호가 커질 것입니다. 이번에는 신호를 뒤집어봅시다. 뒤집은 신호와 원래 신호를 합친다면 신호가 사라지게 됩니다. 이때 뒤집은 신호가 바로 '역상'입니다. 이 대목에서 "왜 갑자기 위상이 나오는 거야?" 하는 의문을 가질 수 있겠지만, 위상은 다음 설명을 위해 꼭 필요한 단어입니다.

3. 2개의 회선이 있는 Balance 케이블에 각각 위상(+, Hot)과 역상(-, Cold)을 흘려보냅니다. 만약 이 케이블에 노이즈가 들어간다면 어떻게 될까요? 2개의 회선 전체에 노이즈가 발생할 것입니다. 노이즈를 받은 두 신호가 장비에 도달했을 때 역상(-, Cold)을 다시 정위상으로 뒤집어 두 신호를 합친다면 어떻게 될까요? 노이즈는 역상과 위상이 합쳐져 사라지고 원래 우리가 보내고자 했던 신호가 합쳐져 소리가 커집니다. 이러한 원리로 노이즈를 없애게 됩니다.

■ 프리앰프

들어오는 신호를 증폭해주는 장비입니다. 보통은 인터페이스에도 프리앰프가 장착돼 있지만, 혹여나 인터페이스에 프리앰프가 없어서 따로 프리앰프를 구매하여 사용할 때는 어떻게 연결해야 하는지 알아보도록 하겠습니다.

우선 사용법은 인터페이스에 있는 프리앰프와 같습니다. Input 단자에 입력할 악기를 연결합니다. 그리고 이 악기가 들어오는 신호의 크기를 조절해야 하는데, 바로 Gain 혹은 Input이라는 노브를 사용해 조절해줍니다. 들어오는 신호의 적정값은 '노이즈는 적게', 'Peak가 뜨지 않게', 이 두 가지만 기억하여 조절합니다.

48v라고 적힌 버튼은 콘덴서 마이크에 사용되는 버튼으로, 팬텀 파워라고도 부릅니다. 대부분의 다이내믹 마이크는 보호 회로가 있으나 리본 마이크나 그 이외 악기들은 그렇지 않은 경우가 많기 때문에 팬텀 파워는 항상 조심해서 다뤄야 합니다.

프리앰프와 인터페이스 연결법

그림 1-2-31 프리앰프와 인터페이스 연결

XLR 케이블이 아닌 TS 케이블을 이용해 회선을 연결합니다. 이미 프리앰프에서 증폭된 신호를 XLR 케이블로 연결할 때 인터페이스의 프리앰프 회로를 한 번 더 거쳐 결국 두 번 증폭이 됩니다. 이로 인해 음질 열화가 생길 수 있으니 주의해서 연결합시다.

■ 각종 아웃보드 장비

아웃보드 컴프레서, EQ, Reverb 등 요즘 Plug-in으로 사용하는 장비들의 원형이라고 생각하면 됩니다. 고가의 가격대에 구하기 힘든 매물이 많아서 초보자들에게는 접근성이 떨어지지만, 알면 알수록 매력적인 장비입니다.

■ 마이크

신호를 입력하기 위해 가장 먼저 거치는 장비입니다. 물론 저처럼 작곡만 하려는 분들도 계시겠지만 작곡할 때도 유용하기 때문에 참고하면 좋습니다.

크게 다이내믹과 콘덴서 마이크로 나누어 설명하겠습니다.

사진	이름	설명
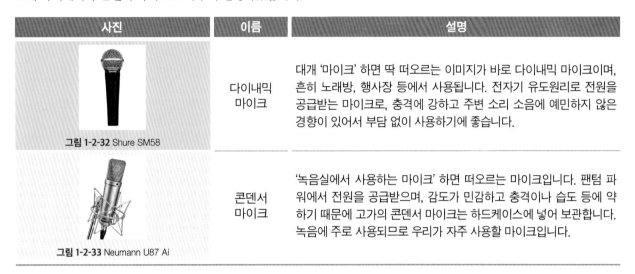 그림 1-2-32 Shure SM58	다이내믹 마이크	대개 '마이크' 하면 딱 떠오르는 이미지가 바로 다이내믹 마이크이며, 흔히 노래방, 행사장 등에서 사용됩니다. 전자기 유도원리로 전원을 공급받는 마이크로, 충격에 강하고 주변 소리 소음에 예민하지 않은 경향이 있어서 부담 없이 사용하기에 좋습니다.
그림 1-2-33 Neumann U87 Ai	콘덴서 마이크	'녹음실에서 사용하는 마이크' 하면 떠오르는 마이크입니다. 팬텀 파워에서 전원을 공급받으며, 감도가 민감하고 충격이나 습도 등에 약하기 때문에 고가의 콘덴서 마이크는 하드케이스에 넣어 보관합니다. 녹음에 주로 사용되므로 우리가 자주 사용할 마이크입니다.

이외에도 지향성, 연결 케이블, 내부 소재 등에 따라 다양하게 종류가 나뉘지만, 작곡 입문 단계에서는 이 정도만 알아도 충분합니다.

■ 신디사이저

마스터 건반의 역할도 할 수 있고 악기 자체의 소리도 사용할 수 있는 악기입니다. 초보자에게는 활용하기가 어렵고 가격대가 높아 접근이 어렵지만 작곡에 대한 관심이 커질수록 절실하게 필요해집니다. 게다가 요즘 레트로 사운드가 유행하며 아날로그 신디사이저의 비중 또한 커졌습니다. 지금부터는 입문자들이 사용하기에 좋은 대표적인 악기 몇 가지를 소개하겠습니다.

그림 1-2-34 Moog Subsequent 37

| Moog Subsequent 37
Moog Music의 악기로, 모노/파라포닉(2note), 즉 1개의 음만 내거나 2개의 음을 동시에 낼 수 있습니다(3개 이상의 음을 동시에 낼 수는 없습니다). 특히나 베이스파트에 아주 적합한 악기입니다.

그림 1-2-35 KORG Minilogue XD

| KORG Minilogue XD
Korg의 악기로, 신디사이저 중에서 저렴한 편에 속하며, 강력한 사운드를 내는 게 특징입니다. 폴리포닉(4노트), 즉 4개의 음을 동시에 낼 수 있어 코드 연주도 가능합니다. 입문용으로 특히 좋습니다.

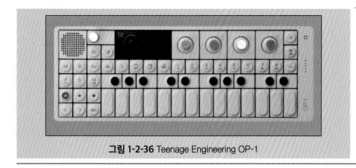

그림 1-2-36 Teenage Engineering OP-1

| Teenage Engineering OP-1

이 조그만 악기를 신디사이저, 샘플러, 컨트롤러로 사용할 수 있습니다. 또한 자체 시퀀싱을 할 수 있어서 다른 장비 없이 이것만으로도 음악을 만들 수 있습니다. 게다가 귀여운 인터페이스로 장난감 같은 느낌이 들어 쉽게 접근할 수 있다는 점 또한 장점입니다.

장비 연결 도면

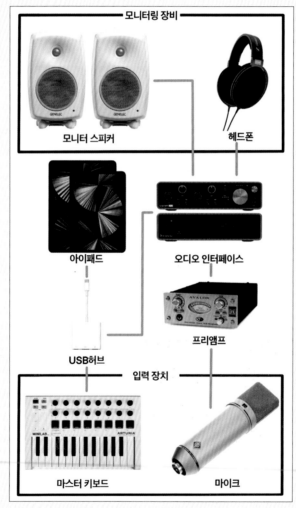

그림 1-2-37 장비 연결 도면

룸 어쿠스틱이란 음향 환경을 조절하는 것을 말합니다. 헤드폰이나 이어폰을 사용한다면 깊이 고려하지 않아도 되지만, 집에서 음악을 감상할 때 등 일상생활에서도 유용하게 사용될 팁입니다. 우선 누구나 손쉽게 따라 하는 방법을 소개하겠습니다. 우선 방에서 손뼉을 크게 쳐봅시다. 그러면 소리가 많이 울리게 됩니다. 손뼉을 쳤을 때의 직접음과 반사되어 나오는 간접 음이 합쳐져 소리가 울리는 것입니다. 그렇다면 집에서 울림을 없앨 간단한 방법은 뭘까요? 바로 간접음을 줄이는 것입니다. 즉 소리가 반사되는 환경을 조절해주면 됩니다. 간단한 몇 가지 방법을 알려드리겠습니다.

1. 스피커 맞은편에 책장을 둡니다(스피커에서 나오는 직접음을 난반사해서 간접 음을 줄이는 것입니다).

2. 스피커를 벽에서 멀리 떨어뜨립니다(스피커의 작동 원리가 공기를 밀어내 진동을 전달하는 것이다 보니, 소리가 옆과 뒤로 샐 수밖에 없습니다. 적당히 띄워서 벽에 전달되는 직접음의 양을 줄여봅시다).

3. 스피커 뒤편에 천으로 된 장식품을 걸어둡니다(스피커 뒤로 반사되는 간접음 역시 무시할 수 없습니다. 이불이나 재질이 까칠까칠한 무언가를 걸어두면 난반사해서 간접음을 줄이는 효과적인 방법입니다).

4. 양쪽의 측면도 신경을 써줍니다.

5. 이제 방 안의 모서리부분을 신경 써줍니다(모서리에서 특히 웅웅거리는 소리가 심한데, 요즘 인테리어용으로 시판되는 패브릭 포스터도 좋으니 꼼꼼하게 막아봅시다).

완성됐다면 다시 한번 손뼉을 쳐봅시다. 확실히 울림이 줄었을 것입니다. 그리고 노래를 들어보면, 이전보다 훨씬 명료한 '직접음 소리'를 들을 수 있습니다. 약간의 노력만 들인다면 더 나은 소리를 체험할 수 있으니, 꼭 한번 따라해보시기 바랍니다.

PART 2

실전 프로젝트!
나만의 음악
작곡하기

Chapter 3

[프로젝트1] 직접 찍어보는 'Trap 음악'

개러지밴드에 대해 알아봤으니 본격적으로 음악을 만들어보겠습니다. 첫 번째로, 가장 트렌디한 Hiphop 장르의 Trap 스타일 비트를 찍어보겠습니다. 앞의 내용을 참고하거나 영상을 보면서 따라 하시면 충분히 노래 하나를 완성할 수 있습니다.

3-1 기본 세팅하기

Trap 비트메이킹 1

우선 프로젝트를 생성하면 다음과 같은 화면이 보입니다. 곧바로 옆의 드럼으로 넘어가 '비트 시퀀서'를 클릭합니다.

그림 2-3-1 기본 화면

다음과 같은 화면이 보이게 됩니다. 우선 프로젝트의 기본 세팅을 진행하겠습니다.

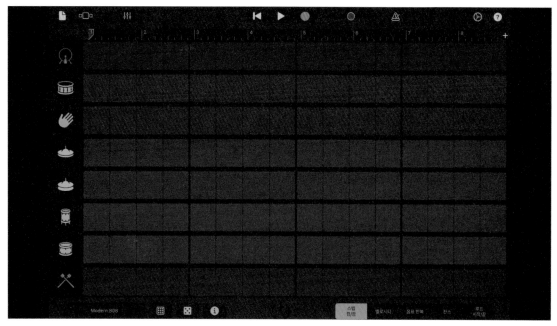

그림 2-3-2 드럼: 비트 시퀀서 기본 화면

우측 상단의 톱니바퀴 아이콘을 클릭하여 설정으로 들어갑니다.

그림 2-3-3 프로젝트 설정

템포로 들어가 원하는 BPM을 설정합니다. '탭하여 템포 설정' 부분을 원하는 빠르기로 탭해서 설정해도 되고, 우측의 숫자를 위아래로 드래그해서 설정해도 됩니다.

그림 2-3-4 프로젝트 설정: 템포

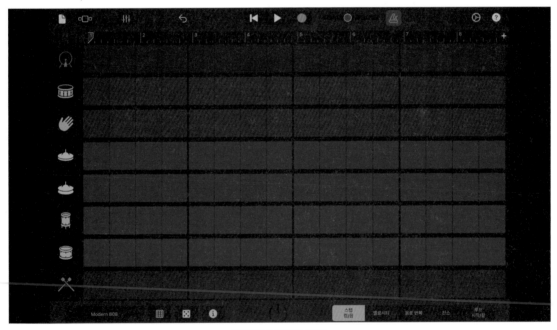

그림 2-3-5 메트로놈 켜기

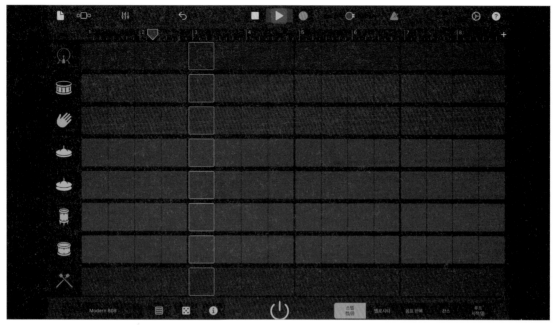

그림 2-3-6 재생(메트로놈 들으며 빠르기 파악)

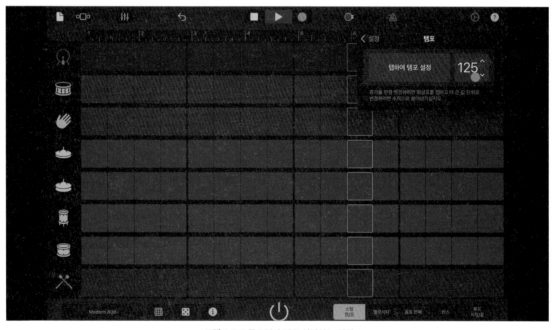

그림 2-3-7 들으면서 템포 설정하는 화면

필자는 '음악은 항상 들어보면서 조절해야 한다'고 생각합니다. 즉, 숫자로 음악을 하는 게 아니라 귀로 느끼면서 자신이 원하는 빠르기를 찾아내야 합니다. 만약 레퍼런스 음악이 있다면 그 음악의 빠르기를 생각하며 조절하고, 또 이 노래를 불러줬으면 하는 아티스트가 있다면 그 아티스트가 노래하는 모습을 떠올리며 맞춰줍니다(템포는 나중에 바꿀 수 있으니 깊이 고민하지 않아도 됩니다).

3-2 드럼 찍기

우선 프로젝트를 생성하면 다음과 같은 화면이 보입니다. 참고로 필자는 16비트는 16분음표로, 8비트는 8분음표로 꽉꽉 채운 상태에서 시작해서 지워도 될 부분을 점차 지우는 방식으로 진행합니다. 그러기 위해 이번에도 16분음표로 먼저 가득 채웠습니다.

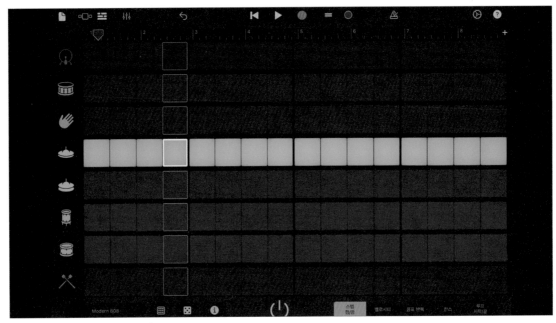

그림 2-3-8 16비트로 찍은 하이헷

필요 없는 부분을 지워가면서 하이헷 리듬을 만들어보겠습니다. 필요 없는 부분의 판단 기준은 '레퍼런스를 떠올리며 꽉 채워진 16비트 하이헷을 들을 때 '여기다!'라는 생각이 드는 곳'입니다. 여러분도 레퍼런스를 떠올리면 분명 생각 나는 리듬이 있을 것입니다. 초보자에겐 이 리듬을 어떻게 프로그램으로 옮길지가 가장 큰 과제인데, 이때 가장 좋은 방법은 꽉 채워놓은 상태에서 하나하나 빼면서 들어보는 것입니다. 이 과정을 반복하다 보면 악보만 봐도 어떤 리듬인지 알게 됩니다. 작곡할 때는 타고난 재능보다는 많이 듣고 여러 번 해보는 경험이 중요하다고 하는 이유가 바로 여기에 있습니다.

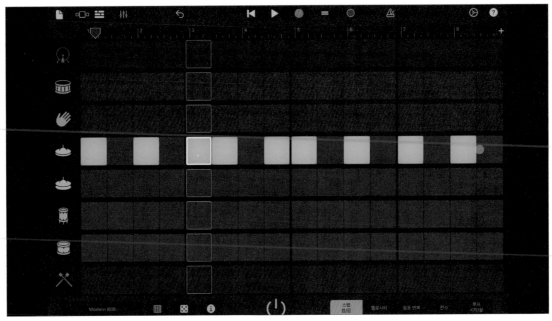

그림 2-3-9 필요 없는 부분은 지워가며 만들기

현재는 16스텝, 즉 4분음표가 4개인 1마디가 반복되는 패턴의 리듬입니다. 여기서 4마디가 반복되는 패턴으로 바꿔 리듬을 다채롭게 만들어봅시다. 우선 좌측 하단의 i 모양 아이콘(패턴 설정)을 누르면 다음과 같은 화면이 나옵니다.

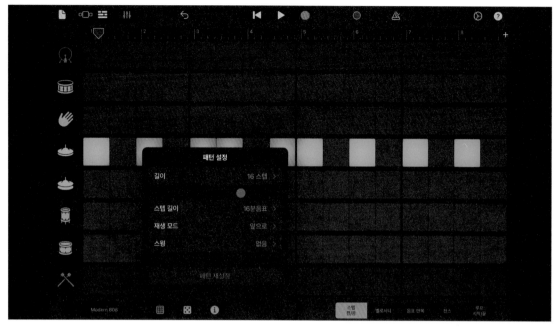

그림 2-3-10 좌측 하단 패턴 설정

16스텝이 1마디였다면 32스텝은 2마디, 48스텝은 3마디, 64스텝은 4마디가 됩니다. 64스텝을 선택합니다.

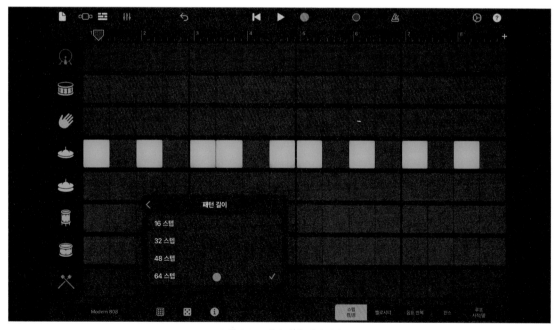

그림 2-3-11 패턴 설정: 패턴 길이

자세히 보면 마디 표시 바와 드럼을 찍는 스텝 사이에 4개의 버튼이 생겼습니다. 각각 순서대로 1, 2, 3, 4마디의 비트 스텝 창을 나타내며 하단 가운데의 전원 버튼을 누르면 순서대로 재생됩니다. 이때도 역시 귀로 들으며 4마디의 하이헷 리듬을 만들어줍니다.

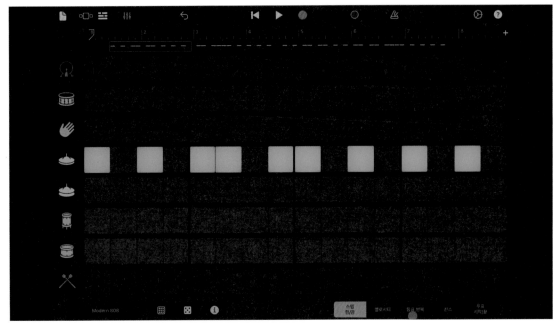

그림 2-3-12 64스텝이 적용된 화면

우측 하단에는 각 스텝에 변화를 주는 기능이 모여 있습니다. 그중 '음표 반복'으로 들어가서 하나의 스텝을 설정하는 숫자 만큼 나누어 반복하도록 만들겠습니다. 주로 Trap 음악에서 빠져서는 안 될, '하이헷이 드르륵 하고 나오는 사운드'를 만들 때 사용합니다.

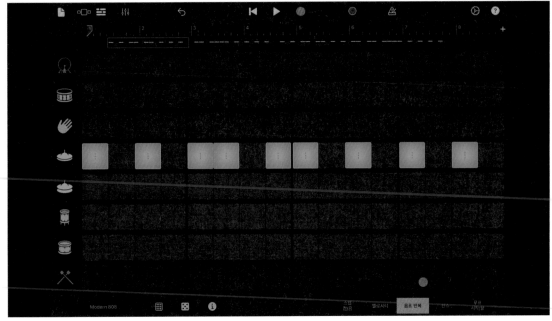

그림 2-3-13 우측 하단 음표 반복

나누고 싶은 스텝을 누르고 위아래로 드래그해 나누는 횟수를 선택합니다. 나눠지는 칸 수가 보입니다.

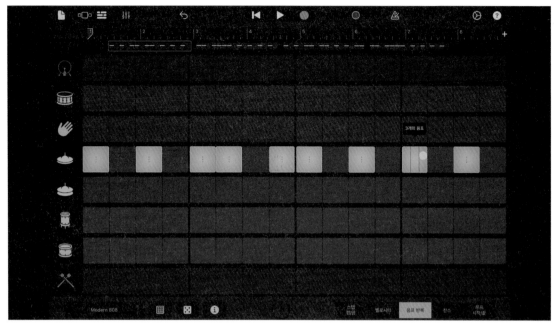

그림 2-3-14 음표 반복: 원하는 소리 나누기

다음은 벨로시티로, 각 스텝의 강약을 조절하는 기능을 합니다. 항상 일정한 세기의 스텝만 나온다면 지루하게 들릴 수 있습니다. 이 역시 귀로 들으며 조절하는데, 강박과 약박을 생각하면 어떤 부분에서 약하게 나와야 할지 감이 올 것입니다.

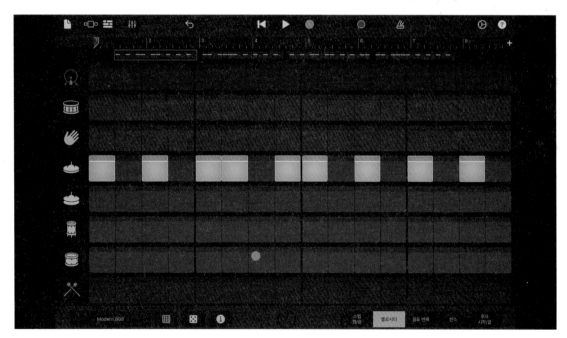

그림 2-3-15 우측 하단: 벨로시티

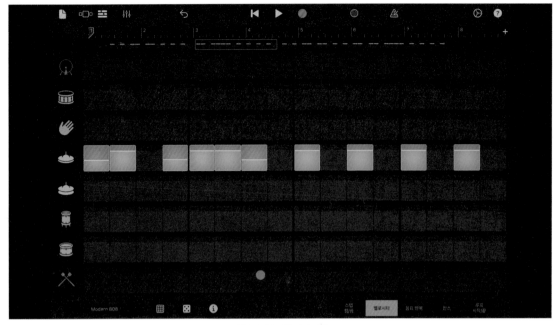

그림 2-3-16 벨로시티 조절

원하는 소리가 완성되면 바를 맨 앞으로 이동시킨 뒤 녹음 버튼을 클릭하여 녹음합니다. 녹음하지 않고 트랙뷰로 전환하면 자신이 만든 소리를 들을 수 없습니다.

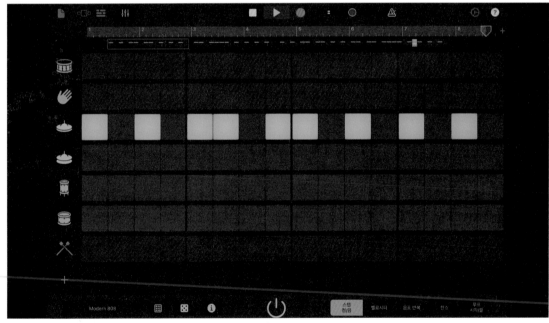

그림 2-3-17 완성 후 녹음

이전의 드럼 키트에서의 킥과 스네어가 마음에 들지 않는다면, 새로운 드럼 트랙을 추가하고 왼쪽 하단의 키트 선택을 통해 원하는 음색의 키트를 준비하면 됩니다.

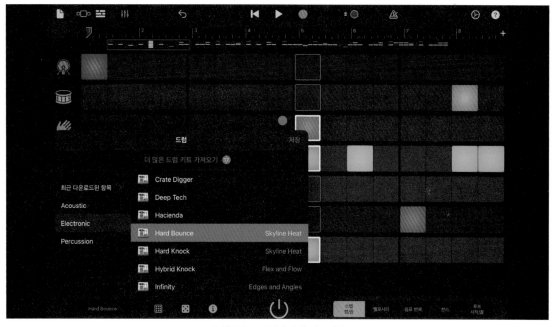

그림 2-3-18 드럼 추가 후 키트 선택

재생 버튼을 클릭하고 만들어진 하이헷을 들으며 킥과 스네어를 찍어줍니다. 하이헷이 완성도 높게 짜였다면 킥과 스네어를 추가할 때 손쉽게 작업할 수 있습니다. 킥과 스네어는 노래의 리듬을 만드는 데 매우 큰 역할을 하는 악기인 만큼 공을 들여서 찍어야 합니다.

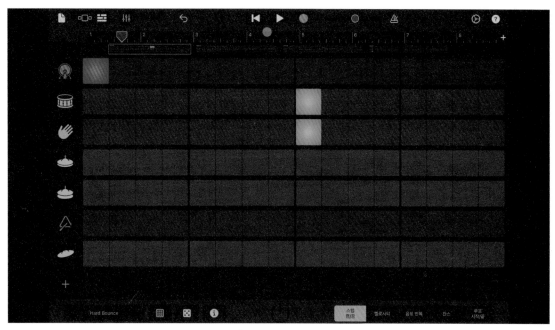

그림 2-3-19 킥과 스네어 찍기

앞서 작업한 하이헷 소리가 아닌 다른 하이헷 소리를 조금씩 넣고, 트라이앵글, 오픈 하이헷 등 많은 리듬 소리를 넣어 다채로운 드럼라인을 만들어줍니다(벨로시티, 음표 반복을 여기서도 충분히 활용해봅시다).

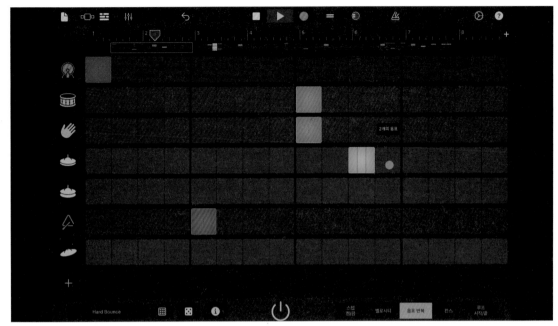

그림 2-3-20 추가 드럼 악기를 넣어 다채롭게 만들기

이 트랙 역시 완성됐다면 녹음 버튼을 클릭하여 녹음합니다.

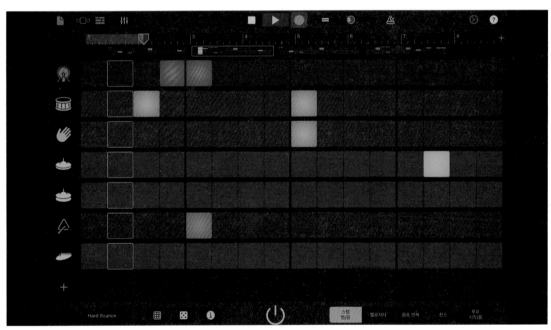

그림 2-3-21 두 번째 드럼 녹음

트랙뷰로 나가 보면 이 화면과 같이 완성된 드럼라인을 볼 수 있습니다. 추후 더 필요한 음색이나 추가할 리듬이 있으면 추가한 뒤 녹음하면 됩니다.

그림 2-3-22 녹음까지 완료된 드럼라인

3-3 메인 테마 만들기

드럼을 만들었다면 테마의 분위기를 연출할 코드를 찍을 차례입니다. 피아노에서 Alchemy 신디사이저를 추가한 뒤 적당한 음색을 찾고, 원하는 코드 진행을 만들어줍니다.

Trap 비트메이킹 2

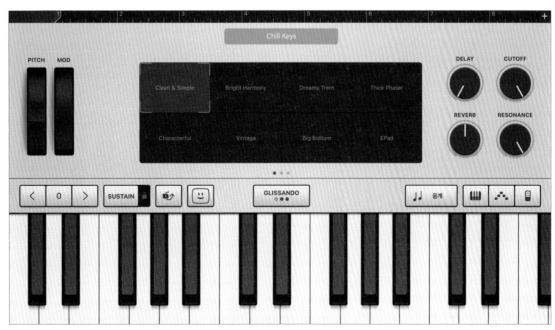

그림 2-3-23 피아노 트랙 추가

코드 구상이 끝났다면 이제 녹음할 차례입니다. 녹음하기 전에 퀀타이즈 설정을 해서 좀 더 정확한 박자에 녹음이 되도록 해봅시다. 우선 좌측 상단의 믹서창 버튼을 클릭하여 창을 엽니다.

그림 2-3-24 피아노: 믹서창 열기

트랙 설정 버튼을 누르면 다음 화면과 같이 퀀타이즈, 조옮김, 녹음 버튼이 나옵니다. 그중에서 퀀타이즈로 들어갑니다.

그림 2-3-25 믹서창: 트랙 설정

퀀타이즈에는 스트레이트, 셋잇단음표, 스윙이 있습니다. 스트레이트는 정박에 맞게 설정 음표대로 연주하는 음을 보정해주고, 셋잇단음표는 설정 음표를 삼등분해 자신이 연주하는 음의 박자를 보정해줍니다. 그리고 스윙은 1, 3번째 박자 카운트는 그대로, 2, 4번째 박자 카운트는 뒤로 약간 밀어 연주합니다.

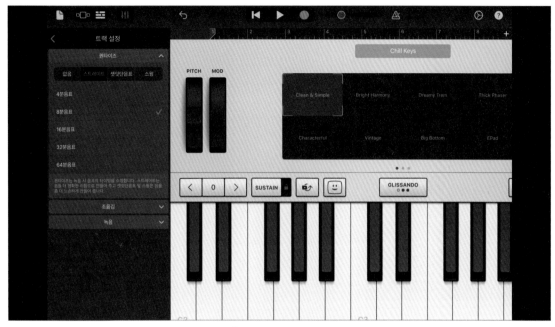

그림 2-3-26 트랙 설정: 퀀타이즈

앞의 설정이 끝났다면 코드를 녹음해봅시다. 위쪽의 빨간 원 버튼을 클릭하여 녹음합니다.

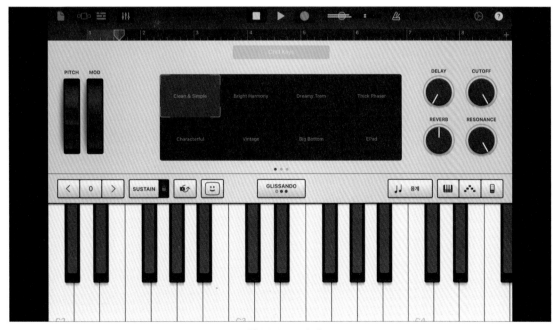

그림 2-3-27 코드 녹음

녹음이 끝난 뒤 트랙뷰로 복귀해보면 퀀타이즈가 적용돼 깔끔하게 녹음된 모습을 볼 수 있습니다. 이제 + 버튼을 클릭하여 멜로디 악기를 쌓아봅시다.

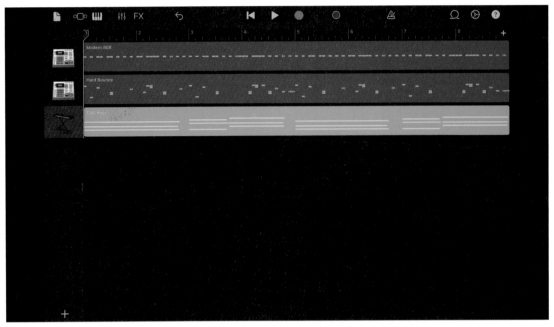

그림 2-3-28 녹음 후 트랙뷰로 복귀

Alchemy 신디사이저에서 마음에 드는 악기를 하나 불러와 세팅한 뒤 반복 재생을 하며 마음에 드는 라인을 만들고 코드 녹음과 비슷하게 녹음합니다(여기서는 퀀타이즈 설정을 하지 않았습니다).

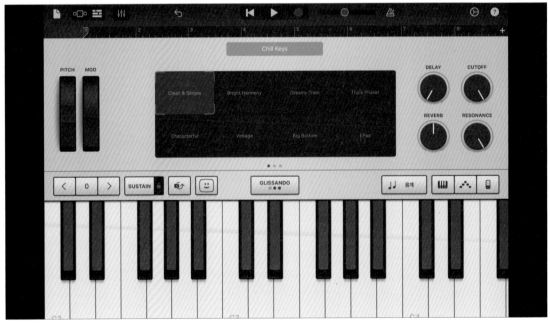

그림 2-3-29 피아노: Alchemy 신디사이저

멜로디 악기 녹음을 마친 뒤 트랙뷰로 와보니 박자가 마음에 들지 않습니다. 이때 '퀀타이즈를 사용하면 될 텐데?'라는 생각이 들 수도 있습니다. 하지만 여기서 필자는 꾸밈음(뒤의 소리를 꾸며주기 위해 아주 짧은 시간 동안 연주되는 음)을 사용했기 때문에 퀀타이즈를 사용하면 꾸밈음이 묻히게 됩니다. 물론 퀀타이즈를 한 뒤 꾸밈음들만 작업할 수도 있지만, 처음 작업하는 분들을 위해 천천히 살펴보겠습니다.

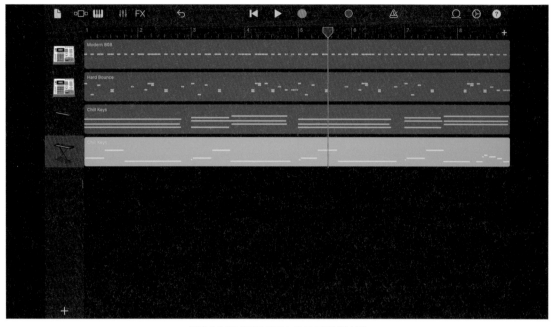

그림 2-3-30 멜로디 악기 녹음 뒤 트랙뷰로 복귀

수정할 트랙의 클립을 탭하면 다음과 같은 화면이 나옵니다. 여기서 편집으로 들어갑니다.

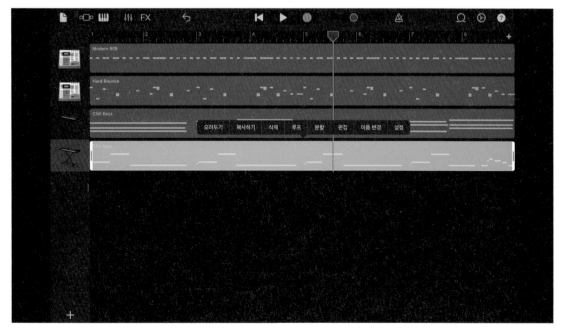

그림 2-3-31 클립 탭하기

다음과 같은 화면이 나오는데, 여기서는 손가락을 좌우, 상하로 벌려 줌인, 줌아웃을 할 수 있습니다. 원하는 위치로 이동해 줌인을 한 뒤 박자를 정확하게 수정합니다.

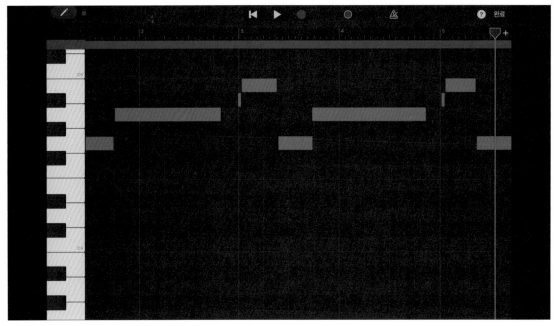

그림 2-3-32 클립: 편집

편집창에서도 벨로시티를 조절할 수 있습니다. 원하는 소리의 벨로시티를 하나하나 다 다듬을 수 있으므로 입으로 자신이 원하는 소리를 따라 하며 다듬으면 라인에 생동감이 생깁니다.

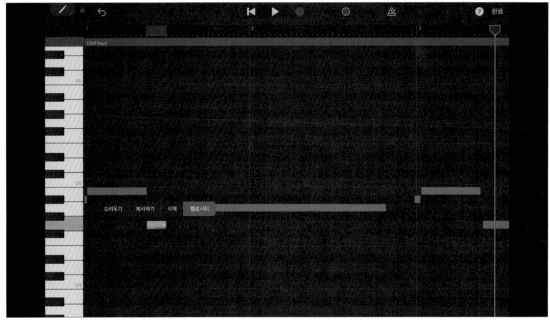

그림 2-3-33 편집: 벨로시티

오른쪽으로 갈수록 벨로시티가 더 세집니다.

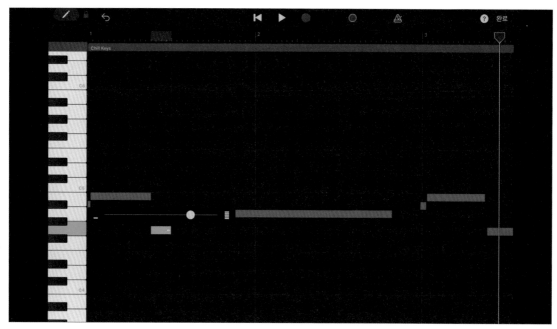

그림 2-3-34 벨로시티 조절창

마음에 드는 라인이 준비됐다면 드럼을 약간 손봐서 그루브를 좀 더 살려보겠습니다.

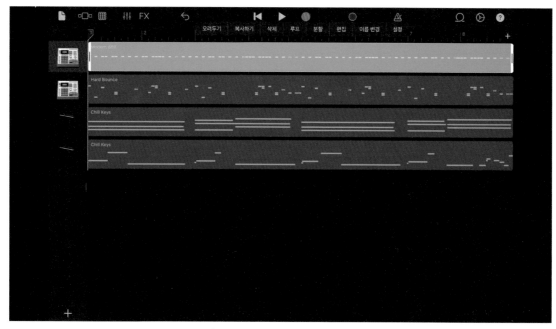

그림 2-3-35 돌아온 트랙뷰, 드럼을 손볼 준비

하이헷 클립의 편집창입니다. 다른 악기와 달리 드럼 트랙의 편집창으로 들어가면 왼쪽에 피아노 건반이 아니라 악기 음색의 아이콘이 나열돼 있습니다. 여기서 편하게 퍼커션을 추가해도 되지만 나중에 하는 걸로 하고, 우선 하이헷을 마음에 들 때까지 계속해서 지우고 만들기를 반복합니다.

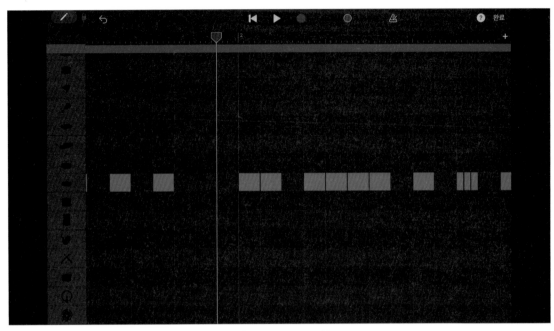

그림 2-3-36 하이헷 편집창

드럼과 멜로디 악기의 그루브를 잘 섞이게 손봤다면, 이번엔 심심했던 코드 악기의 음색을 바꿔줍니다. 코드 악기의 아이콘을 선택한 뒤 왼쪽 상단의 건반 모양 아이콘을 클릭합니다.

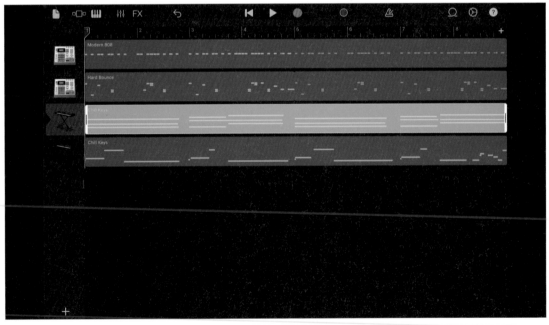

그림 2-3-37 드럼까지 손본 상황

악기 이름을 클릭하여 음색을 고릅니다. 여기서 중요한 것은 자신이 생각한 소리와 100% 일치하는 소리를 찾다가는 시간이 오래 걸릴 수 있다는 점입니다. 따라서 가장 비슷한 소리를 고른 뒤 자신이 원하는 소리로 다듬는 것이 가장 좋습니다.

그림 2-3-38 코드 악기 음색 바꾸기

우선 Alchemy 신디사이저에서 가장 쉽게 음색을 다듬는 방법은 사각형 패드의 위치를 바꿔주는 것입니다. 사실 이것만으로도 소리가 매우 크게 바뀌기 때문에 신디사이저에 대해 이제 막 알아가시는 분들은 이것만 바꿔줘도 충분합니다.

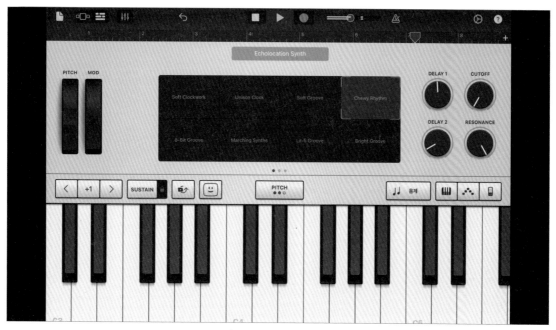

그림 2-3-39 음색을 다듬는 과정 1

화면을 넘기면 다음과 같은 화면이 나옵니다. 여기서는 방금 만진 사각형 패드의 소리를 만드는 요소를 하나하나 작업할 수가 있는데, 심화 버전이라고 생각하면 됩니다. 하나하나 조절해 가면서 각 요소가 소리를 어떻게 변화시키는지 알게 된다면 신디사이저 공부에 큰 도움이 될 것입니다.

그림 2-3-40 음색을 다듬는 과정 2

코드 악기뿐만 아니라 멜로디 악기의 음색도 좀 더 다듬어서 소리가 더 잘 어우러지게 했습니다.

그림 2-3-41 멜로디 악기의 음색을 다듬는 과정

다음에는 샘플러라는 악기를 추가해보겠습니다. 즉석에서 소리를 녹음한 뒤 악기처럼 사용할 수 있는 아주 재밌는 악기인데요. 우선은 여기에 저장된 소리를 사용해서 독특한 사운드를 넣어보겠습니다.

그림 2-3-42 샘플러 악기 추가

샘플러와 신디사이저는 어떻게 다른 걸까요? 간단히 말하면 신디사이저는 오실레이터로 신호를 만들어 수많은 이펙터를 거치고 소리를 다듬어서 하나의 소리로 완성하고, 샘플러는 샘플을 고른 뒤 샘플을 각 건반에 넣어 재생합니다. 다시 개러지밴드 샘플러로 돌아와서, Alchemy 신디사이저에서는 preset을 골랐던 것과 달리 샘플을 골라 음색을 바꾸는 것을 볼 수 있습니다. 마음에 드는 소리가 없다면 오른쪽의 큰 빨간 원을 통해 샘플을 녹음해 사용할 수 있으니 한번 시도해봅시다.

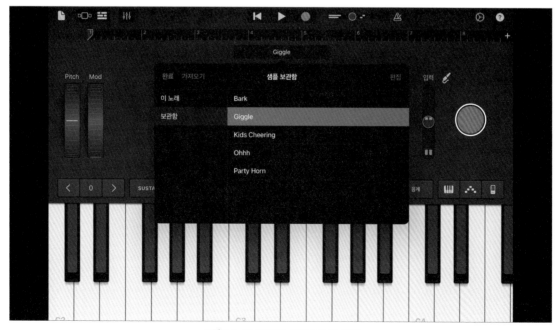

그림 2-3-43 샘플러의 샘플을 고르는 화면

샘플의 오디오 파형이 보이는 화면 밑에 '>'와 '<' 버튼을 좌우로 움직여서 샘플의 시작지점과 끝지점을 설정할 수 있습니다. 이를 통해 독특한 소리를 만들 수 있으니 잘 활용해봅시다. 여기서는 시작지점을 앞당겨 소리가 빠르게 나도록 만들었습니다.

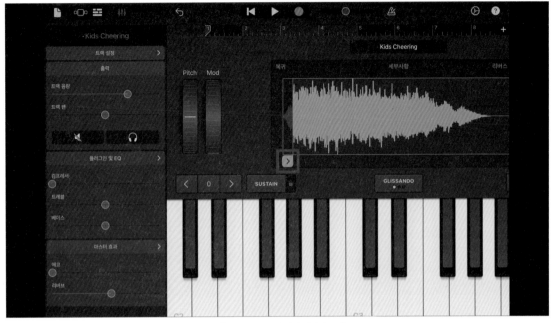

그림 2-3-44 샘플의 시작지점 손보기

녹음을 한 뒤 해당 악기의 옥타브를 낮추기 위해 '클립 탭: 설정'으로 들어가 옥타브를 -2로 설정했습니다. 원래 아이들이 소리지르는 소리였지만, 2옥타브를 낮추자 괴물 소리 같이 변한 것을 들을 수 있습니다. 옥타브 아래에 있는 '반음'을 통해 반음씩 조정할 수 있으니, 원하는 소리가 나올 때까지 조절해봅시다.

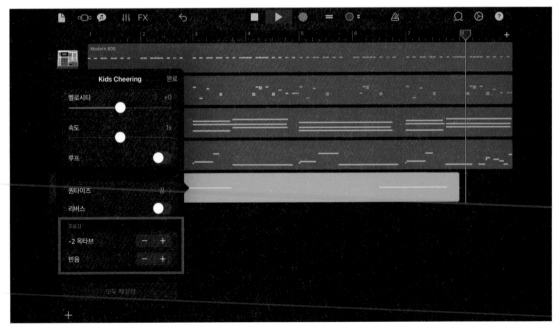

그림 2-3-45 녹음 뒤 클립 설정창: 설정

매우 길게 느껴지는 음이 있다면 편집창을 통해 조절합니다.

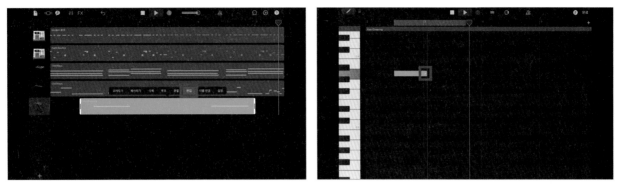

그림 2-3-46 클립 탭하기: 편집   **그림 2-3-47** 편집에서 음 길이 조절

다음은 Trap에서 빠질 수 없는 808 베이스입니다. 베이스를 어떻게 찍어야 할지 막막한 분이 많을 테니 한 가지 팁을 드리겠습니다. 코드의 1음과 5음, 즉 C코드(도, 미, 솔)에서는 도와 솔을 사용해 드럼의 킥 또는 스네어 드럼과 잘 어우러지게 찍는다면 꽤 그럴듯하게 나올 것입니다(코드의 정체성을 나타내고 리듬에서도 아주 중요한 역할을 하는 악기이기 때문에 드럼의 킥 또는 스네어와 잘 어우러지게 찍습니다). 필자도 여기에 맞춰 베이스를 간단하게 찍어보겠습니다.

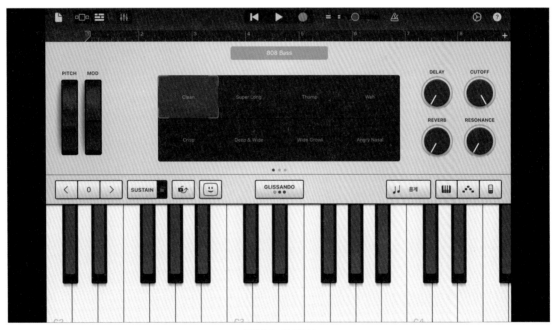

그림 2-3-48 베이스

베이스 악기의 리듬은 아주 중요하기 때문에 퀀타이즈도 정확하게 맞췄습니다.

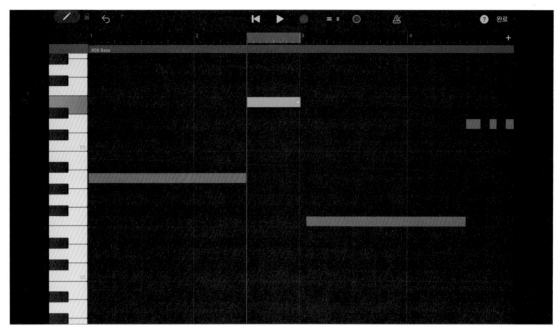

그림 2-3-49 베이스 악기 클립: 편집

베이스까지 완성한 8마디 화면입니다. 이제 이 8마디를 토대로 여러 이펙트와 효과음을 넣고 곡의 구성까지 마무리하겠습니다.

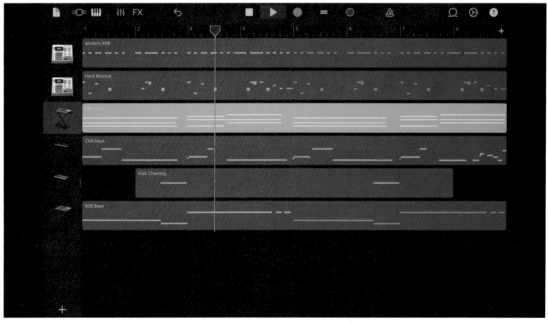

그림 2-3-50 베이스까지 완성된 8마디

구성을 시작하기 전, 부족했던 사운드를 조금 수정하겠습니다.

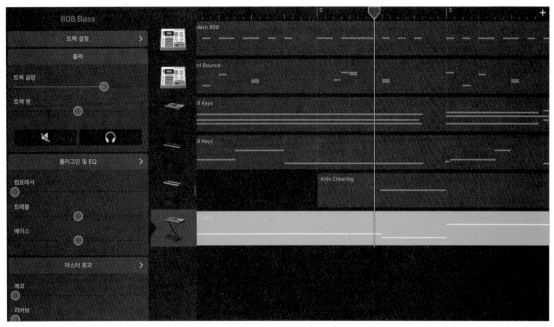

그림 2-3-51 베이스 믹서 화면

그림 2-3-52 베이스 트랙 설정: 플러그인 및 EQ

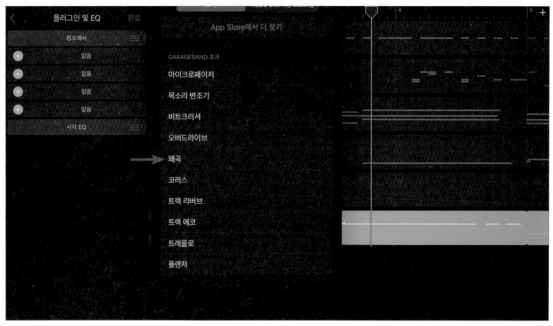

그림 2-3-53 플러그인 및 EQ: 편집

플러그인 및 EQ에서 왜곡 이펙터를 추가해 베이스를 거칠게 만들어보겠습니다. 먼저 Tone을 조절하면서 거칠게 만들 주파수대를 찾습니다. 그다음 Drive를 올려 거칠게 만들어줍니다. 마지막으로 Drive를 통해 커진 소리를 Output으로 낮춰 전체 노래와 베이스 악기의 볼륨 밸런스를 맞춥니다.

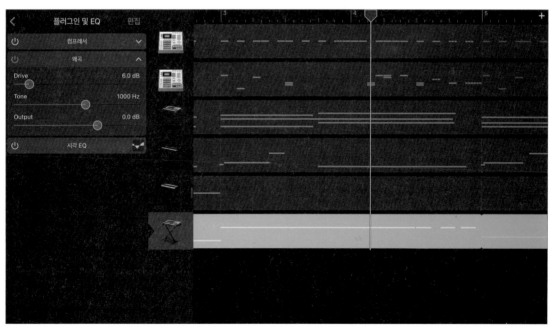

그림 2-3-54 플러그인 및 EQ: 편집: 왜곡

믹싱 단계는 아직 아니지만 원하는 사운드를 만들기 위해 컴프레서와 EQ를 간단하게 조작한 뒤 트랙 음량을 조절해 볼륨 밸런스를 다시 한번 맞춥니다.

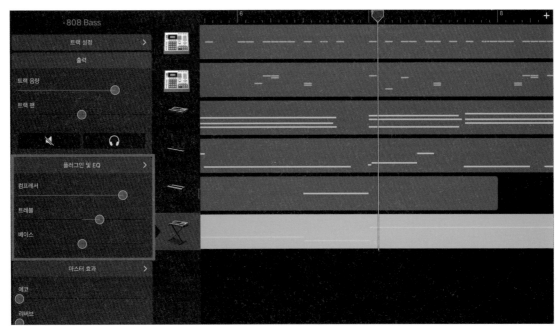

그림 2-3-55 베이스 컴프레서 및 EQ, 볼륨 조절

다음은 밋밋하던 드럼 소리를 화려하게 꾸며보겠습니다. 우선 드럼 트랙을 복사한 뒤 클립까지 똑같이 복사합니다.

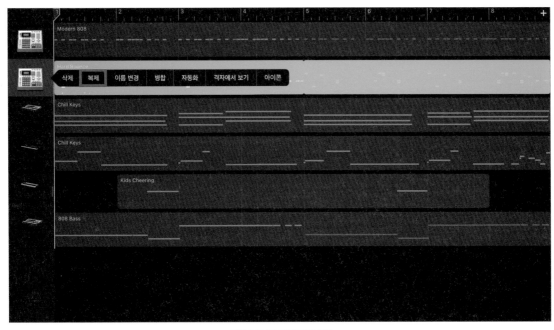

그림 2-3-56 드럼 트랙 복제

그림 2-3-57 드럼 트랙 복제 완료

그림 2-3-58 드럼 클립 복사

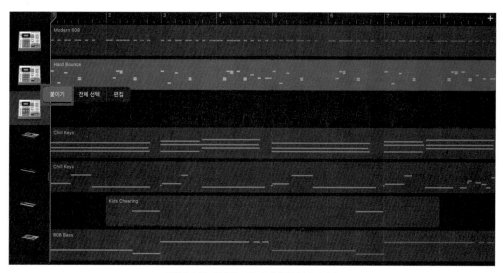

그림 2-3-59 복제된 드럼 트랙에 클립 붙여넣기

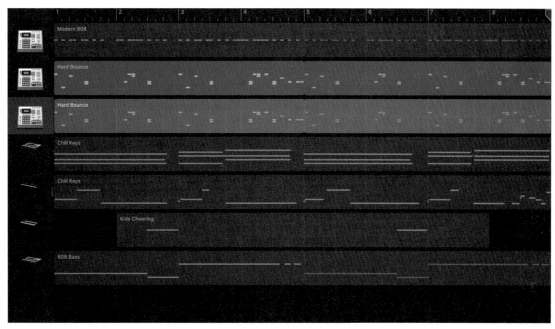

그림 2-3-60 복제된 드럼 트랙에 클립 붙여넣기 완료

플러그인 및 EQ를 통해 베이스를 완전히 줄이고 트레블(하이)을 살짝 살린 것을 확인할 수 있습니다. 기존의 트랙과 저음에서 충돌이 생겨 소리가 마스킹되는 것을 방지하기 위함입니다.

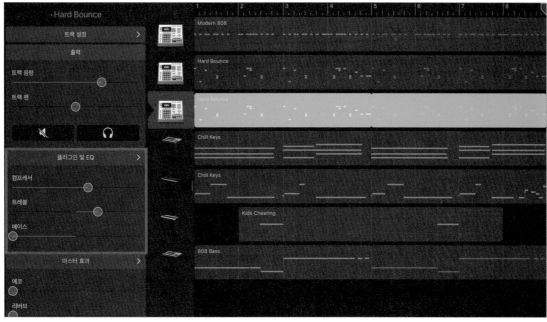

그림 2-3-61 복제된 드럼 베이스 부분 소리 줄이기

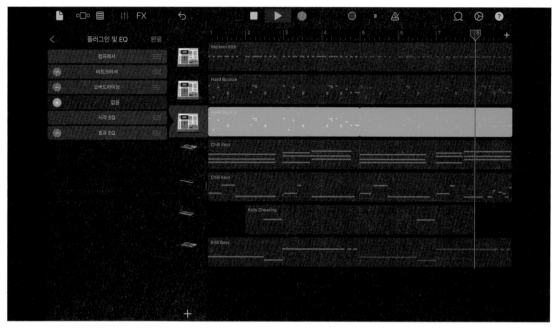

그림 2-3-62 복제된 드럼 플러그인 및 EQ: 편집

그림 2-3-63 Audio Unit 확장 프로그램 추가

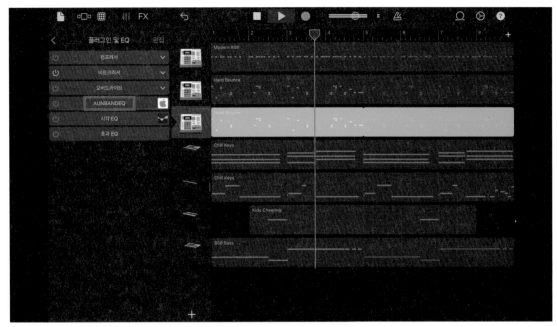

그림 2-3-64 AU BAND EQ 추가

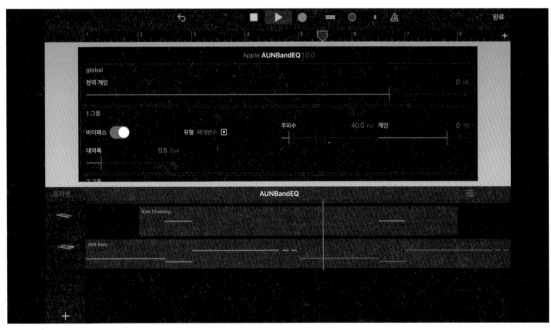

그림 2-3-65 AU BAND EQ 화면

확장 프로그램의 EQ를 사용해서 확실하게 베이스 음역대를 없애고, 돋보여야 하는 소리만 남겼습니다. 여기서는 하이패스 곡선을 사용해 설정된 주파수 위의 소리만 통과하도록 했습니다.

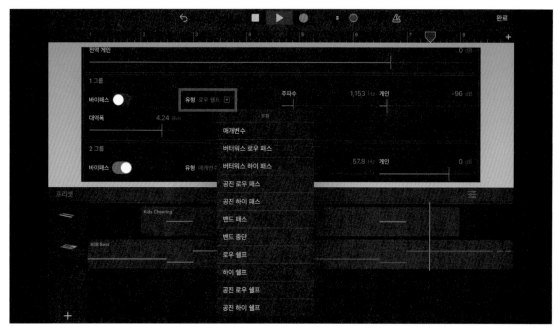

그림 2-3-66 AU BAND EQ 곡선 선택

여기서도 왜곡 이펙터를 사용해 거친 소리를 만들겠습니다. 만드는 방법은 베이스에서 사용한 방법과 같습니다. 다만 높은 주파수대의 소리를 거칠게 조절하는 점이 다릅니다.

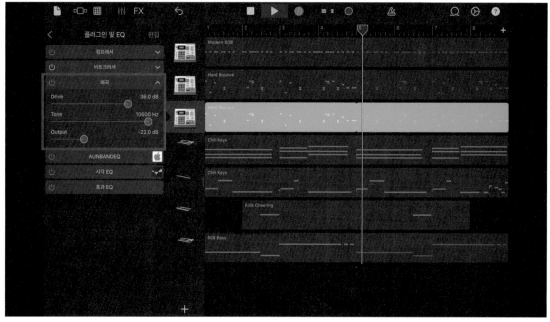

그림 2-3-67 복제된 드럼에 왜곡 이펙터 추가

기존의 드럼과 함께 재생하고 복제된 드럼의 트랙 음량을 조절해 하나의 소리처럼 만들어줍니다. 자칫 복제된 소리가 과하면 드럼이 너무 튀어 다른 악기와 어울리지 못할 수 있으니 배워보겠습니다.

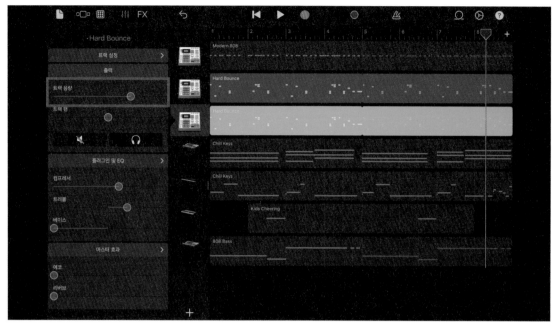

그림 2-3-68 복제된 드럼과 기존의 드럼 소리 밸런스 맞추기

그림 2-3-69 하이헷 트랙 복제

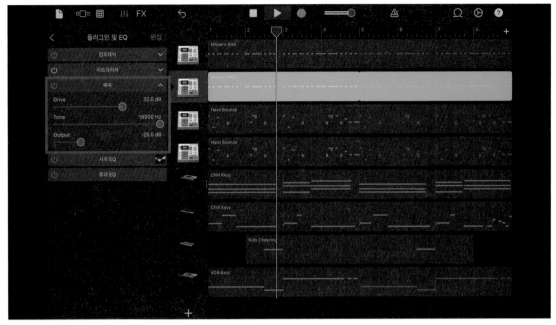

그림 2-3-70 복제된 하이헷 트랙을 거친 사운드로 만들기

드럼과 따로 만들었던 하이헷 트랙 역시 거친 소리를 추가해 소리를 살렸습니다. 드럼과 같은 과정으로 진행하면 됩니다.

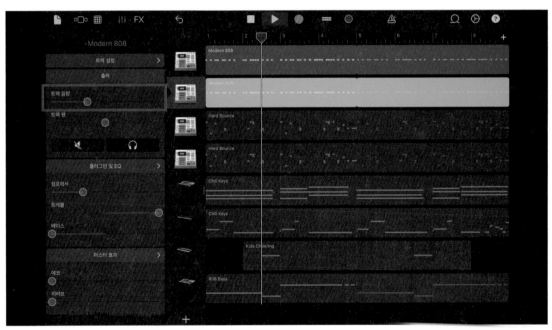

그림 2-3-71 복제된 하이헷 사운드와 기존의 하이헷 사운드 밸런스 조절

어떤 단계든 마무리하고 나면 항상 모니터링을 해야 합니다. 이번 모니터링에서는 드럼의 그루브가 확실히 살아나고 공간감이 넓어진 느낌까지 들 것입니다. 이 부분은 뒤에 나올 믹싱 단계에서 자세하게 배워봅시다.

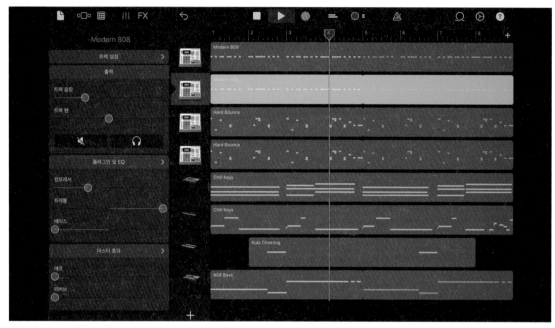

그림 2-3-72 8마디 정리 후 모니터링

3-4 곡 구성하기

Trap 비트메이킹 3

8마디가 마무리됐다면 이 8마디를 노래 길이만큼 반복해주겠습니다.

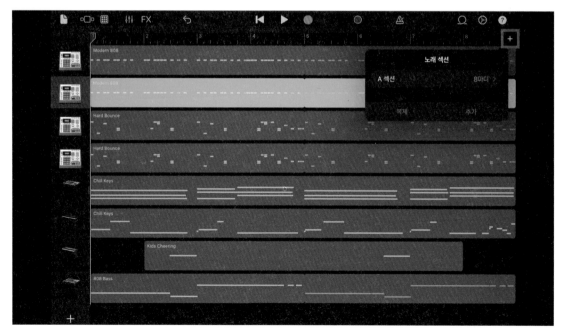

그림 2-3-73 마디 길이 늘리기

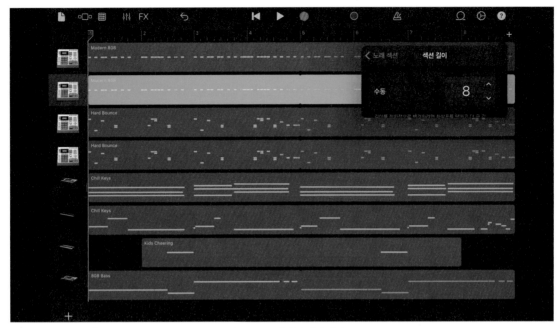

그림 2-3-74 노래 섹션: 섹션 길이

자동 버튼을 클릭하여 자신의 연주가 진행되는 만큼 자동으로 섹션 길이가 늘어나게 만들 수 있습니다. 참고로 필자는 이 기능을 녹음할 때 자주 사용하고, 평소 곡 작업을 할 때는 수동으로 진행합니다.

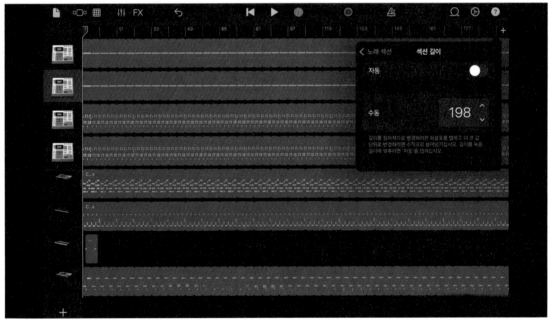

그림 2-3-75 섹션 길이를 늘린 모습

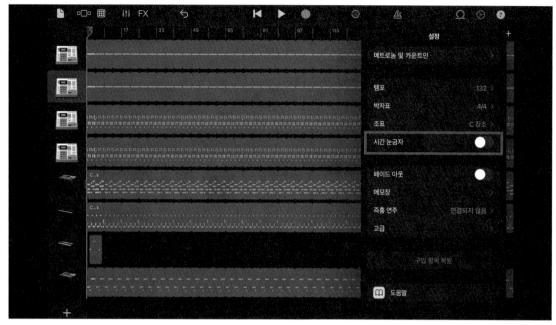

그림 2-3-76 트랙뷰 설정

시간 눈금자를 켜서 곡 길이를 체크합니다. 참고로 시간 눈금자를 키게 되면, 녹음 버튼 아래 마디단위로 표시되던 바가 시간단위로 변경됩니다. 이를 활용하여 우리가 만들 노래의 길이를 체크할 수 있습니다.

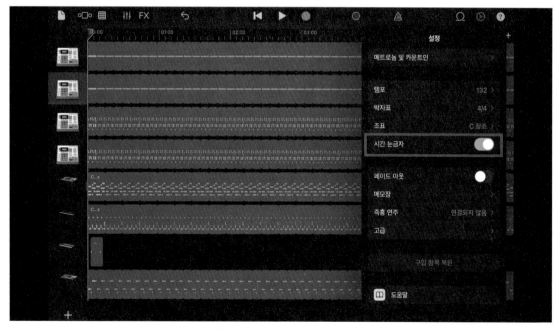

그림 2-3-77 트랙뷰 설정: 시간 눈금자 켜기

시간 눈금자를 체크한 뒤 원하는 길이로 2차 수정합니다.

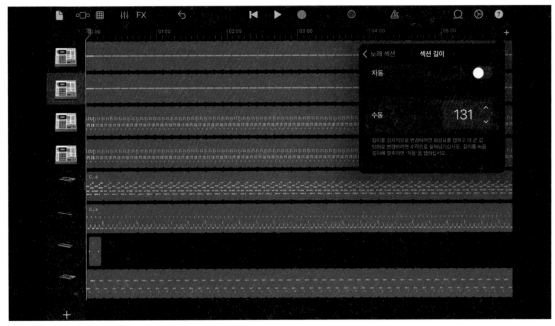

그림 2-3-78 섹션 길이 재수정

앞서 넣었던 샘플러 악기를 루프해주려고 하는데 빈칸이 있는 것을 확인할 수 있습니다. 클립 루프는 해당 클립의 길이만큼 만 루프되기 때문에 8마디마다 루프가 되도록 만들기 위해서는 빈칸만큼 클립을 늘려주는 과정이 필요합니다. 간혹 이 과정을 거치지 않고 루프했다가 소리가 이상해질 수 있으니 주의해야 합니다.

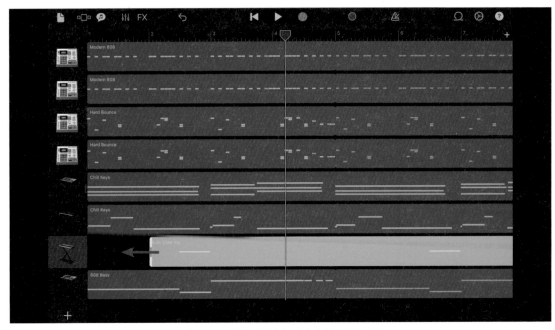

그림 2-3-79 클립 루프를 위해 8마디 빈칸을 채우는 과정

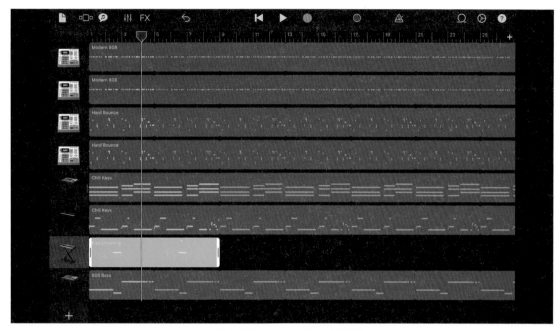

그림 2-3-80 클립을 8마디에 맞춰 늘린 모습

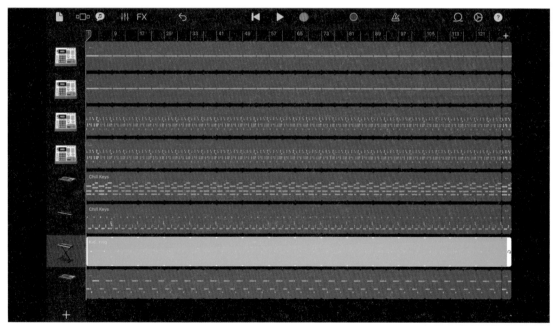

그림 2-3-81 이후 클립 루프를 적용한 모습

이제 구성을 시작할 준비가 됐습니다. 꽉 채워진 프로젝트 화면에서 원하는 부분의 클립을 지우고 넣으면서 곡을 진행해보겠습니다. 바로 인트로를 만들어봅시다. 8마디 인트로를 만들기 위해 루프된 클립을 8마디에서 분할합니다.

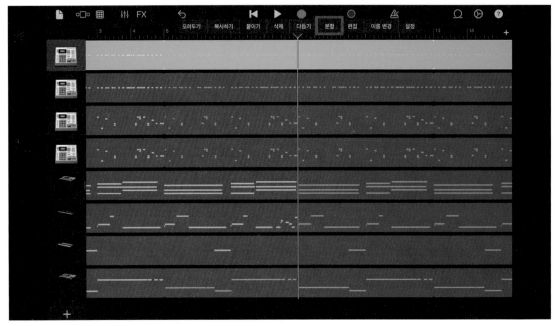

그림 2-3-82 노래의 인트로를 만들기 위한 클립 분할

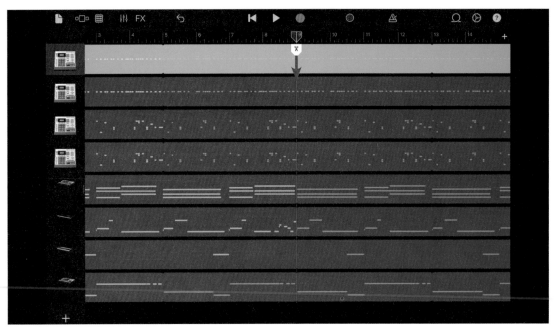

그림 2-3-83 클립 설정: 분할

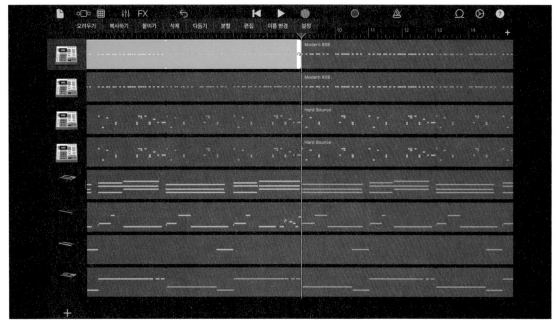

그림 2-3-84 분할이 완료된 화면

멜로디 악기와 코드 악기만 나오다가 후렴에서 모든 악기가 일시에 나오게끔 하기 위해서 인트로 8마디의 멜로디 악기와
코드 악기를 제외하고 모든 악기 클립을 삭제했습니다.

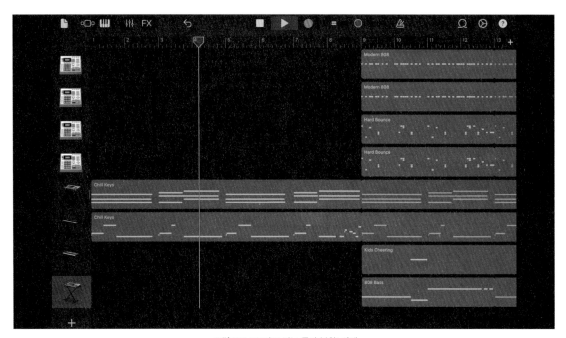

그림 2-3-85 필요 없는 클립 분할: 삭제

인트로가 끝나고 8마디 후렴이 나온 뒤 벌스가 시작되도록 후렴 8마디는 분할만 한 뒤 벌스로 넘어갑니다.

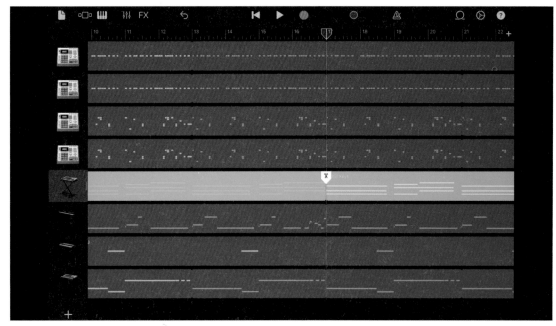

그림 2-3-86 인트로 이후 8마디 후렴

후렴 직후의 첫 벌스는 힘을 많이 빼고 드럼과 멜로디 악기 하나만 나오게 했습니다. 후렴과의 에너지 차이를 크게 만들면
후렴이 좀 더 살아나는 효과도 있습니다.

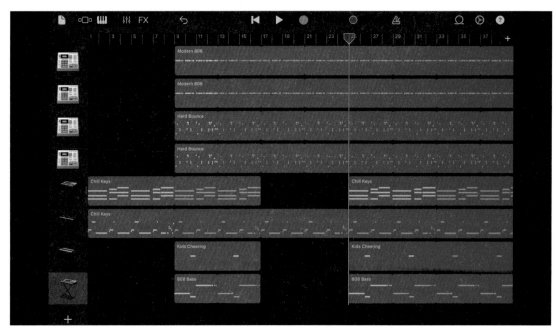

그림 2-3-87 후렴 뒤 벌스

16마디의 첫 번째 벌스에서 8마디씩 다른 느낌을 내도록 하여 곡을 진행했습니다. 리듬과 코드성을 나타내 존재감이 컸던 코드 악기를 제외하고 남은 악기를 모두 넣었습니다.

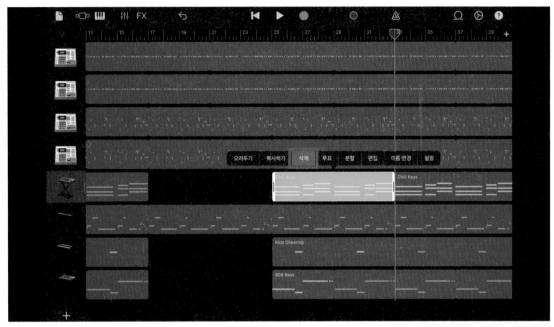

그림 2-3-88 첫 번째 벌스 나머지 8마디

16마디 후렴 뒤 다시 후렴 차례가 왔습니다. 필자는 16마디 후렴과 두 번째 벌스가 나오도록 구성했습니다.

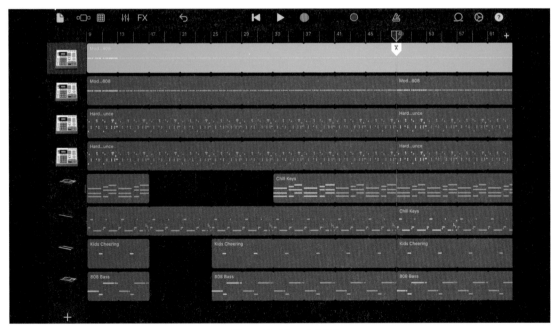

그림 2-3-89 이후 16마디 후렴

두 번째 벌스는 첫 번째 벌스와 달리 원래의 테마에 변화를 주어 곡을 진행하겠습니다. 우선 두 번째 벌스의 앞 8마디는 브레이크를 사용했고, 새로운 벌스가 시작될 때 멜로디 악기만 나오게 해서 '이제 새 벌스가 시작한다'는 느낌이 확실히 나도록 만들었습니다.

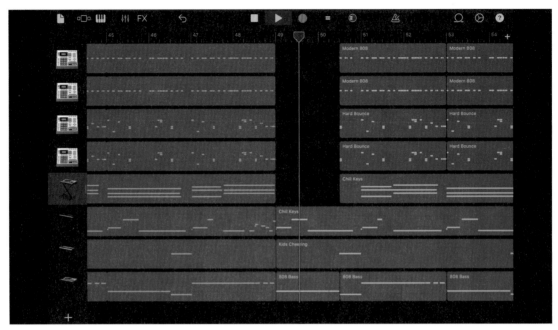

그림 2-3-90 브레이크로 새로운 벌스가 시작됨을 알리기

이후 후렴을 반복하며 페이드 아웃으로 끝내기 위해 필요한 길이만큼만 남기고 나머지는 삭제합니다.

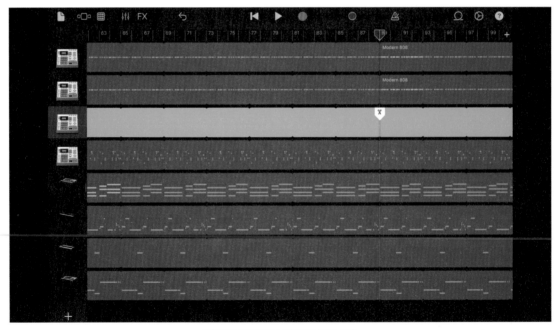

그림 2-3-91 필요한 부분까지 남기고 삭제

다음과 같이 구성된 모습을 볼 수 있을 것입니다. 하지만 이대로 끝내기엔 뭔가 아쉬울 수 있습니다. 좀 더 정성을 들여 곡의 디테일을 살려봅시다. 작곡의 기본을 이해한 후에는 결국 '디테일을 얼마나 잘 살리느냐'가 관건이 됩니다.

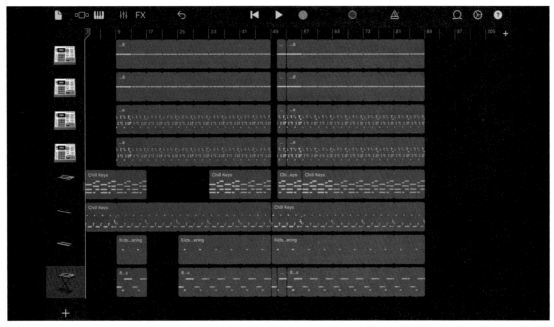

그림 2-3-92 원하는 길이만큼 남긴 화면

FX는 이러한 기능들을 손쉽게 사용할 수 있게 합니다. FX 기능을 사용해 곡에 변화를 주겠습니다. 앞에서 한번 설명했지만, 실제로 사용하는 것은 이론과는 다릅니다. 따라서 직접 이것저것 조절하면서 소리의 변화를 들어봅시다. DJ들은 공연을 할 때 노래를 즉흥적으로 리믹스합니다. 필터도 걸고, 구간도 반복하고, 스크래치도 넣습니다. 이처럼 FX는 손쉽게 사용할 수 있는 기능입니다.

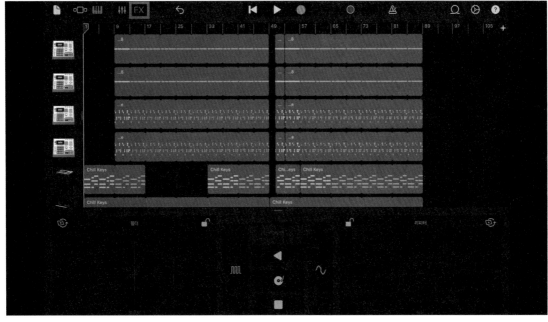

그림 2-3-93 FX 기능을 켠 화면

우선 필자는 필터 기능만 사용해보겠습니다. 먼저 이 효과를 사용할 부분을 찾고, 어떻게 하면 잘 진행될지 연주해본 뒤에 녹음합니다.

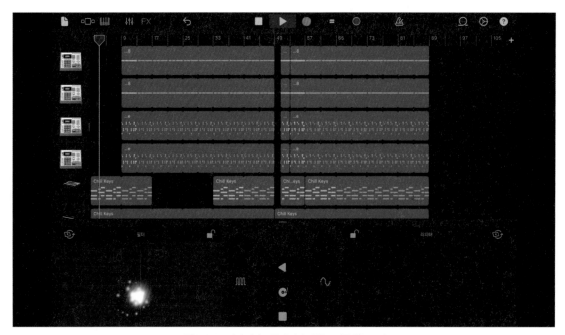

그림 2-3-94 필터 이펙트를 걸어서 이쁜 소리를 찾는 모습

연주 연습까지 됐다면 녹음을 진행합니다.

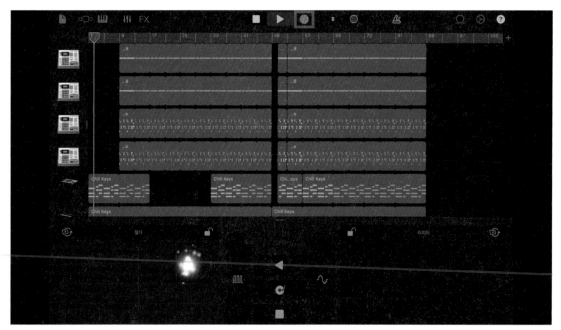

그림 2-3-95 FX 오토메이션 녹음

녹음을 완료하고 보면 하단에 핑크색 클립이 생긴 것을 확인할 수 있습니다.

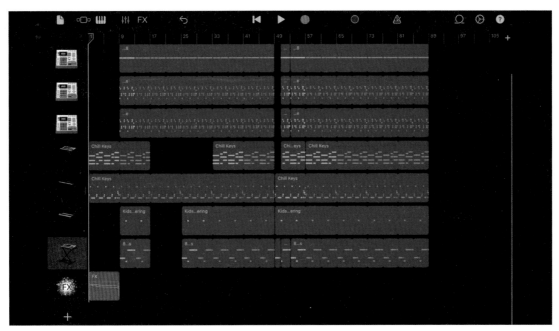

그림 2-3-96 FX 오토메이션이 녹음된 모습

다른 필요한 부분에도 FX 오토메이션을 추가하고 나면 다음과 같이 완성된 프로젝트창을 볼 수 있습니다.

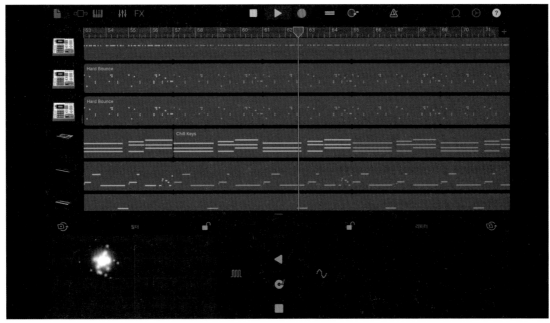

그림 2-3-97 다른 부분에도 FX 오토메이션 추가

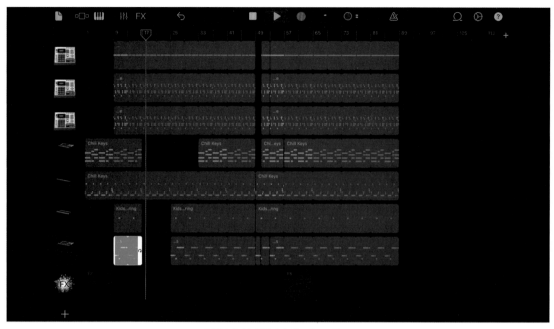

그림 2-3-98 구성까지 완료된 프로젝트

이제 이 트랙으로 녹음, 믹싱, 마스터링 과정을 거치고 나면 우리가 듣는 노래처럼 발매까지 준비되는 것입니다. 생각보다 어렵지 않으셨을 것입니다. 이러한 과정을 여러 번 반복하다 보면 더욱 쉽고 재밌게 느껴질 것입니다. 자, 그럼 이제 다른 방법으로 작곡하는 방법도 배워보겠습니다.

Chapter 4

[프로젝트2] 오디오 샘플 파일을 활용하여 만드는 힙한 'R&B 음악'

이번에는 오디오 샘플 파일을 활용하여 비트를 만들어봅시다. 지금부터는 무료로 제공된 샘플을 사용해서 따라 하면 됩니다. 그 외 다른 샘플 사이트에서 받은 샘플 역시 다음에 나오는 방법으로 사용하면 됩니다. 그럼 바로 시작하겠습니다.

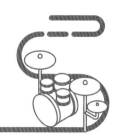

루프 비트메이킹 1

🎙 4-1 기본 세팅하기

먼저 새로운 프로젝트 파일을 생성합니다. 우측 상단의 + 버튼을 클릭합니다.

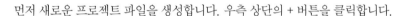

그림 2-4-1 개러지밴드 초기 화면

다음과 같은 화면이 뜨면 마음에 드는 악기를 클릭하여 들어갑니다.

그림 2-4-2 프로젝트 생성 초기 화면

왼쪽 상단을 보면 다음과 같은 아이콘이 있습니다. 왼쪽에서 세 번째(트랙뷰) 버튼을 클릭하여 트랙뷰로 전환해줍니다.

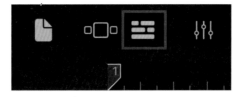

그림 2-4-3 트랙뷰 아이콘 누르기

트랙뷰 우측 상단의 톱니바퀴 모양 아이콘(설정)을 클릭하여 설정으로 들어갑니다. 템포(BPM), 박자, 조표를 자신이 만들 노래에 맞게 설정합니다.

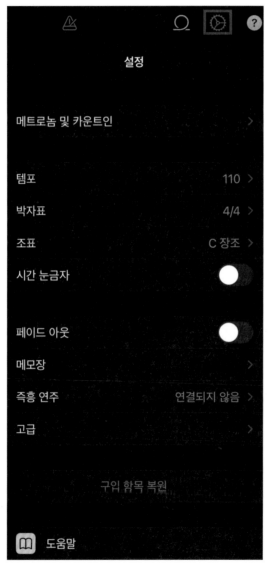

그림 2-4-4 트랙뷰: 설정

4-2 오디오 파일 편집하기

프로젝트 설정이 완료됐다면 이제 Loop를 불러오는 방법을 알아볼 차례입니다. 우측 상단의 설정 버튼 옆 돼지꼬리 모양의 아이콘을 누르면 다음과 같은 창이 뜹니다. 여기서 Loop들을 클릭하여 소리를 들어본 뒤, 마음에 드는 소리를 찾습니다.

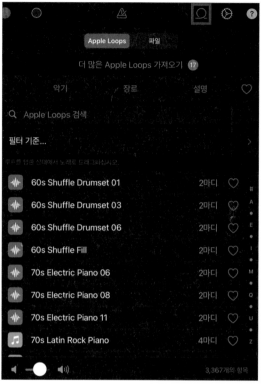

그림 2-4-5 Loops 창

마음에 드는 소리를 찾았다면 해당 Loop를 드래그해 프로젝트 빈 화면에 놓습니다.

그림 2-4-6 Loop를 드래그해 가져오기

여기까지 잘 따라 하셨다면 다음과 같은 화면을 볼 수 있습니다.

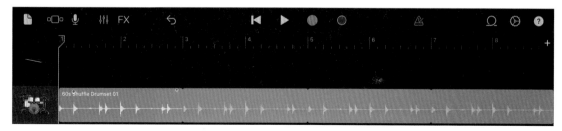

그림 2-4-7 Loop를 불러온 화면

이번엔 Apple Loop가 아닌 다른 WAV 파일을 프로젝트로 불러오는 방법을 알아봅시다. 먼저 상단의 Apple Loops 버튼 옆 파일을 누르면 다음과 같은 화면이 나옵니다. 여기서 하단의 '파일 앱에서 항목 탐색' 버튼을 클릭합니다.

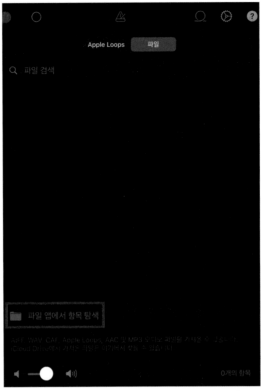

그림 2-4-8 Loop 창: 파일

다음과 같은 파일 탐색 화면이 나옵니다. 검색 혹은 좌측 상단의 둘러보기 버튼을 클릭하여 자신의 WAV 파일이 저장된 곳을 찾아 파일을 탭합니다.

그림 2-4-9 Loop 창: 파일 - 파일 앱에서 항목 탐색

파일이 하나 불러와졌을 것입니다. 이 파일을 프로젝트로 불러오기 전에 먼저 섹션 길이를 조절하겠습니다.

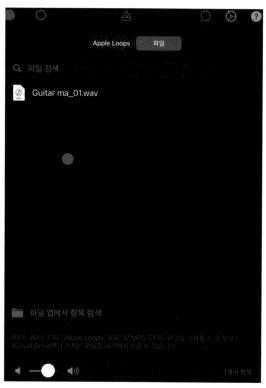

그림 2-4-10 항목을 불러온 화면

다시 루프 버튼을 끈 뒤에 우측 상단의 + 버튼을 클릭합니다.

그림 2-4-11 섹션 길이 조절 버튼

클릭하면 다음과 같은 화면이 나오는데, 여기서 추가를 선택하여 섹션을 추가하거나 복제를 선택하여 섹션을 복제할 수도 있습니다. 필자는 주로 사용하는 DAW와 비슷하게 사용하도록 A 섹션의 길이를 늘리기 위해 '8마디' 버튼을 클릭하여 마디 수를 늘렸습니다(자신에게 익숙한 방법으로 하면 됩니다).

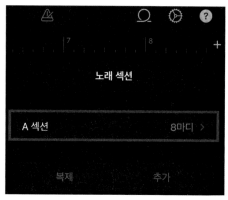

그림 2-4-12 섹션 조절창

그리고 다시 불러온 루프 파일을 프로젝트 빈 화면으로 드래그하면 다음과 같은 화면을 볼 수 있습니다.

그림 2-4-13 A 섹션을 길게 늘린 화면

이제 필자가 불러온 파일을 Loop 파일처럼 사용하기 위해 손질하겠습니다. 이 오디오 파일은 박자, BPM이 프로젝트와 동일하기 때문에 마디가 정확히 맞는 상태이므로 원하는 만큼 자르기 편한 상태입니다. 16마디 형식으로 진행할 계획이라 16마디만 남기고 나머지 부분은 잘라내겠습니다. 오디오 파일을 한 번 탭하면 길다란 창이 뜹니다. 자르고 싶은 부분에 바를 놓은 뒤 분할 버튼을 클릭합니다.

그림 2-4-14 오디오 파일을 탭하면 보이는 창

그러면 가위 아이콘이 나타납니다. 그대로 밑으로 내려주면 파일이 분할됩니다. 그리고 필요 없는 부분은 탭하여 삭제합니다.

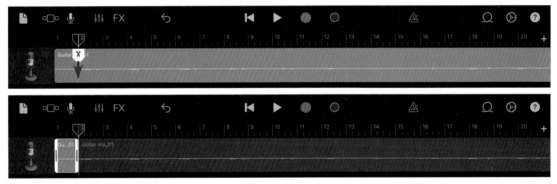

그림 2-4-15 파일 분할

앞뒤를 모두 잘라내면 Loop 파일 길이 수정이 완료됩니다.

이제 가장 중요한 이름 정리 시간입니다. WAV 파일을 한 번 탭하면 '이름 변경' 버튼이 보입니다. 이름을 보기 좋게 수정합니다.

그림 2-4-16 이름 변경하기

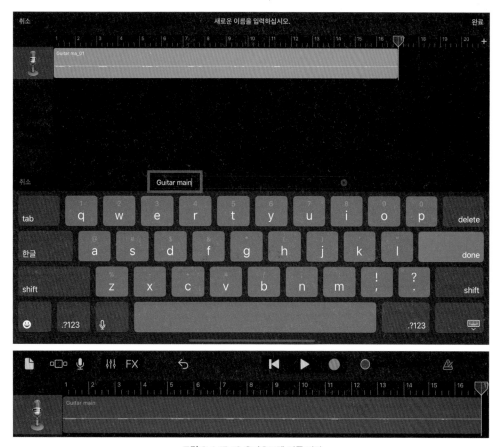

그림 2-4-17, 18 오디오트랙 이름 변경

곧이어 트랙의 아이콘을 바꿔줍시다. 악기를 불러올 때와 다르게, WAV 파일을 불러오면 마이크 모양의 아이콘이 자동으로 지정됩니다. 이는 여러 트랙이 쌓이면 헷갈리기 쉬우니 빨리 바꿔주는 것입니다. 왼쪽 트랙바에서 아이콘을 누르면 다음과 같은 창이 뜹니다. 여기서 아이콘 버튼을 누르면,

그림 2-4-19 트랙바 탭창

다음과 같이 수많은 아이콘이 나옵니다. 여기서 트랙에 맞는 아이콘을 고릅니다.

그림 2-4-20 아이콘 선택 화면

그러면 다음과 같이 깔끔하게 정리된 Loop 트랙이 완성됩니다.

그림 2-4-21 숙련된 조교의 깔끔한 트랙

[그림 2-4-22]의 화면은 필자가 만든 음악의 전체 트랙을 Loop처럼 만들어 불러온 뒤 정리한 모습입니다. 나중에 믹싱 및 악기 수정, 곡 구성 시 아주 편리하게 바꿀 수 있습니다.

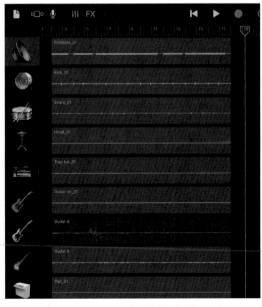

그림 2-4-22 숙련된 조교의 깔끔하게 정리된 프로젝트

4-3 악기 쌓아 완성하기

다음에는 미리 준비해둔 기타 Loop에 맞는 코드+보이싱의 피아노를 찍어보겠습니다. 필자가 생각했던 기타 코드는 C메이저7 C7 F메이저7 F마이너메이저7 E마이너 G마이너7 D마이너7 D마이너7(b5)이기 때문에 이대로 사용해도 좋고, 더 좋은 진행이 있다면 바꿔 사용해도 됩니다.

루프 비트메이킹 2

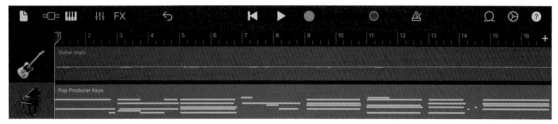

그림 2-4-23 피아노 트랙 추가

완벽하지 않은 연주이므로 퀀타이즈(설정된 그리드 박자에 음의 시작지점과 끝지점을 맞춰주는 기능)를 해주겠습니다. 퀀타이즈를 하고 싶은 미디트랙을 선택한 뒤 설정 버튼을 클릭합니다.

그림 2-4-24 미디트랙 탭창

다음과 같은 창이 뜨면 퀀타이즈로 들어갑니다.

그림 2-4-25 미디트랙 탭창: 설정

들어가서 원하는 박자의 퀀타이즈를 선택하면 됩니다.

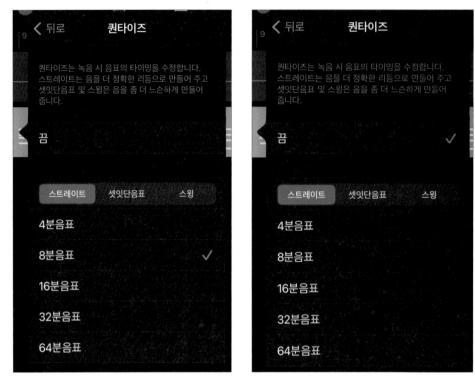

그림 2-4-26 미디트랙 탭창: 설정 - 퀀타이즈

다음과 같이 음의 첫 부분이 정리됩니다. 자신이 원하는 퀀타이즈에 잘 맞췄다면 원하는 소리가 날 것입니다. 혹시 그렇지 않은 경우에는 '미디트랙 탭: 편집'에서 박자를 원하는 대로 수정하면 됩니다.

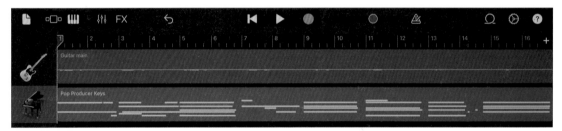

그림 2-4-27 퀀타이즈가 적용된 미디트랙

다음은 드럼입니다. 왼쪽 트랙바에서 + 버튼을 누르면 다음과 같은 창이 나옵니다. 드럼 비트 시퀀서로 들어가 작업해봅시다.

그림 2-4-28 악기 선택: 드럼

다음과 같은 창을 볼 수 있습니다. 오른쪽 하단의 버튼들을 통해 모드를 바꿔 소리를 다듬을 수 있습니다. 현재의 스텝 모드에서는 소리를 껐다 켤 수 있습니다.

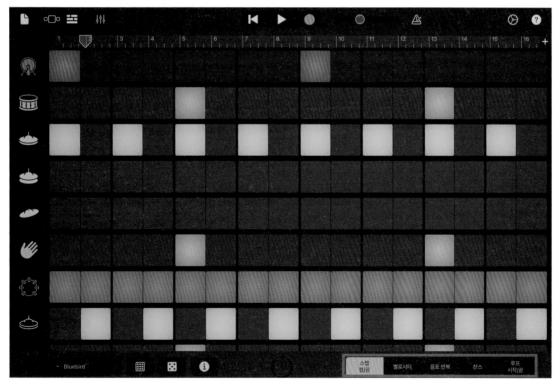

그림 2-4-29 악기 선택: 드럼 - 비트 시퀀서

다음 화면은 벨로시티 화면으로 해당 소리의 강약을 조절하는 모드입니다.

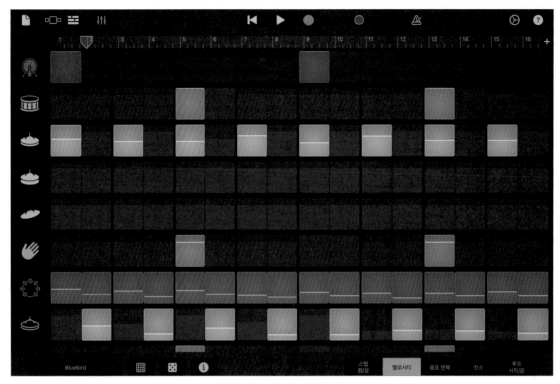

그림 2-4-30 비트 시퀀서: 벨로시티

다음 화면에서는 해당 스텝을 몇 개로 쪼개 연주할지 설정합니다. 여기서는 한 칸당 8분음표로 지정된 상태이기 때문에 8분음표를 몇 등분해서 연주할지 정할 수 있습니다.

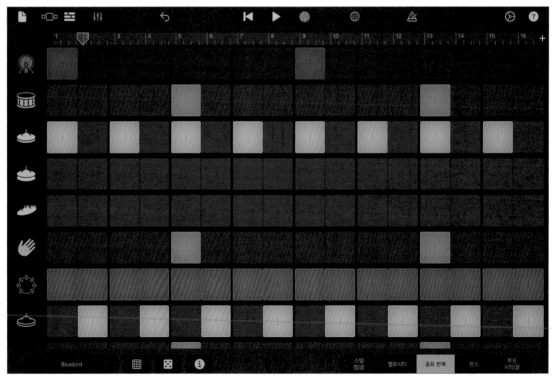

그림 2-4-31 비트 시퀀서: 음표 반복

그리고 왼쪽 하단에 무슨 이름이 적혀 있을 것입니다. 바로 드럼킷을 바꿀 수 있는 부분입니다. 여기서 자신이 원하는 스타일의 드럼으로 바꿔줘야 합니다. 필자는 어쿠스틱한 느낌의 드럼이 필요해서 어쿠스틱에서 찾아보았습니다.

그림 2-4-32 비트 시퀀서: 키트 선택

그리고 드럼 작업을 한 후 녹음을 하고 트랙뷰로 나가면 다음과 같은 화면이 나옵니다. 여기까지가 드럼 파트입니다.

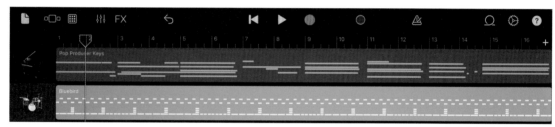

그림 2-4-33 드럼 작업 후 녹음 완료 화면

다음으로 스트링을 넣어줬습니다. 메인 악기인 기타, 서브 느낌의 피아노가 있어서 전체를 감싸줄 악기를 넣어봤습니다. 악기를 찍는 방법은 위에 설명한 악기들과 동일합니다.

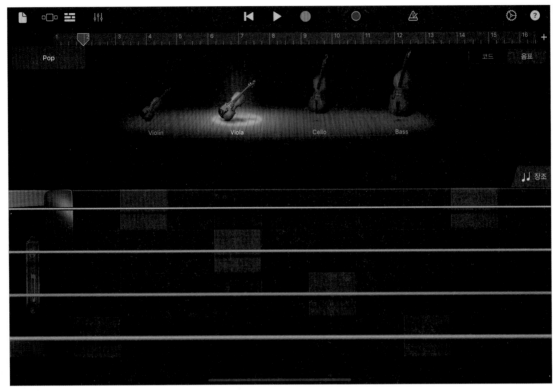

그림 2-4-34 스트링 화면

이번에는 리듬이 단조로운 듯하여 리듬감+멜로디를 추가해줄 악기를 넣었습니다. Arpeggiated라는 카테고리의 악기들이 주로 이러한 기능을 하는데, Arpeggiator 설정에 맞게 자신이 누르고 있는 음을 자동으로 연주해줍니다.

그림 2-4-35 키보드: Alchemy Synth - Arpeggiated 사운드 선택 화면

코드음을 찍어놓은 미디트랙이 필요해서 피아노의 미디트랙을 복사하여 사용했습니다. 미디트랙 탭: 복사하기 - 원하는 트랙에서 붙여넣기를 하면 됩니다.

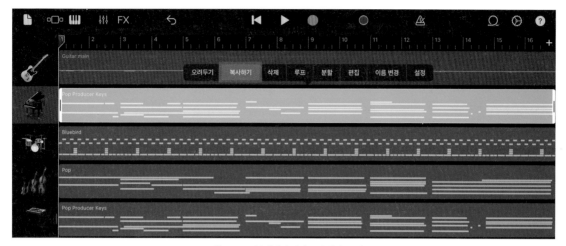

그림 2-4-36 복사대상 미디트랙 탭 후 복사

똑같은 방법을 사용해 피아노 악기에 다른 질감을 넣어줄 Pluck 악기도 추가했습니다.

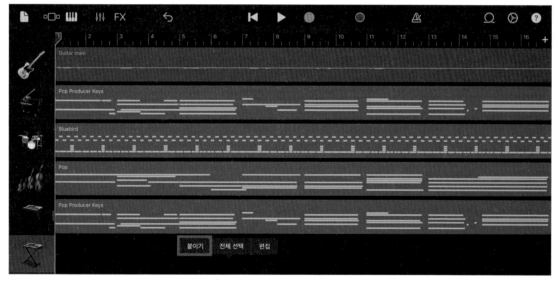

그림 2-4-37 원하는 위치에 탭해 붙이기

이 악기는 피아노의 보조로 사용될 악기입니다. 더 풍부한 사운드를 위해 한 옥타브를 올렸습니다. 미디트랙 탭: 설정에서 손쉽게 트랙 전체를 컨트롤할 수 있습니다.

그림 2-4-38 미디트랙 탭창: 설정 - 옥타브

다른 악기들과 같은 방법으로 베이스 악기도 찍어줍니다.

그림 2-4-39 808bass 녹음 화면

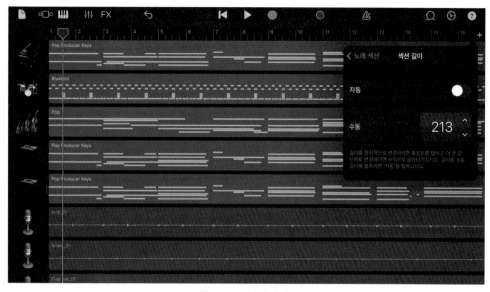

그림 2-4-40 섹션 길이 설정창

4-4 노래 구성하기

악기를 다 쌓고 하나의 테마가 완성됐다면, 이제 노래를 구성해볼 차례입니다. 루프 재생을 위해 16마디로 정했던 섹션 길이를 충분한 길이로 늘려줍니다. 이 과정에서는 설정: 시간 눈금자를 켜서 노래의 길이를 보면서 늘리면 편합니다.

루프 비트메이킹 3

길이를 늘리면 바로 다음과 같은 창을 볼 수 있습니다. 루프들이 길이에 맞게 자동으로 늘어났습니다. 이제 꽉 찬 프로젝트 화면에서 미디트랙을 지워가면서 곡의 구성을 완성해보겠습니다.

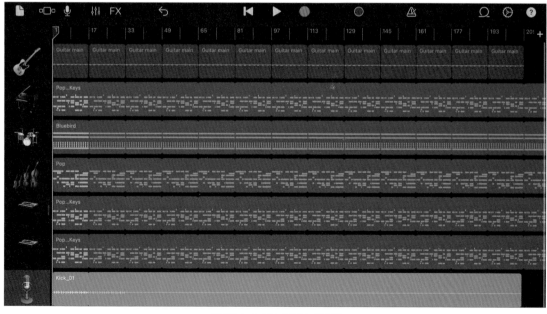

그림 2-4-41 섹션 길이를 늘린 화면

트랙이 16마디마다 구분됐지만 잘려 있는 것은 아니기 때문에 미디트랙 탭: 분할을 사용해 잘라줍니다.

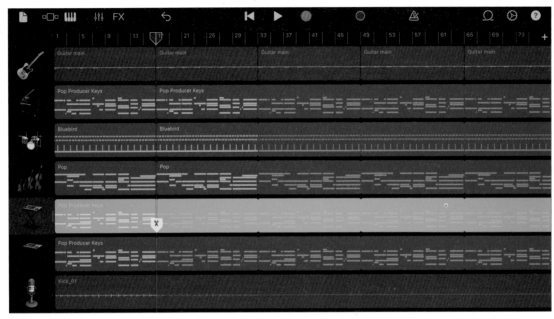

그림 2-4-42 원하지 않는 부분 분할

그리고 필요 없는 부분을 지워주면 다음 화면과 같이 됩니다. 참고로 필자는 시작할 때 기타 악기가 솔로로 나오길 원했기 때문에 기타를 제외한 모든 악기를 지웠습니다(곡의 구성은 필자의 방법을 따라 할 필요 없이 자신이 원하는 대로 하면 됩니다). 어렵게 느껴지면 레퍼런스 음악을 하나 정해서 그 음악이 어떻게 진행되는지 살펴봅시다. 어떤 길이든 이정표가 있으면 찾기 쉽습니다.

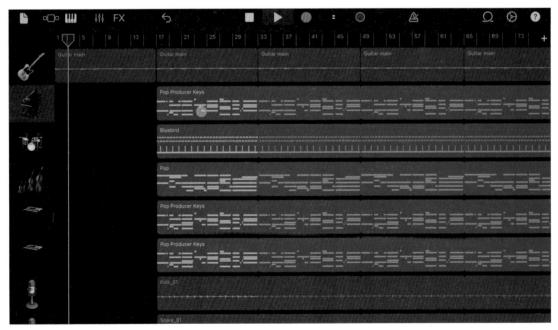

그림 2-4-43 원하지 않는 부분 삭제

다음 16마디는 후렴이 나오길 원해서 모든 트랙을 살려두려고 합니다. 물론 이후 작업을 편하게 하기 위해 16마디에서 분할 해두는 것을 기억해야 합니다.

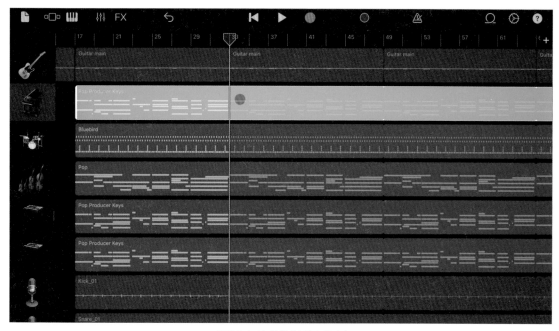

그림 2-4-44 후렴부분 악기 살리기

16마디 후렴 뒤에 벌스를 넣었습니다. 벌스에서는 가사에 집중할 수 있도록 악기가 많이 나오지 않게 합니다. 또한 물론 악 기를 많이 제외한 덕분에 후렴에서 극적인 효과를 낼 수 있다는 장점도 있습니다.

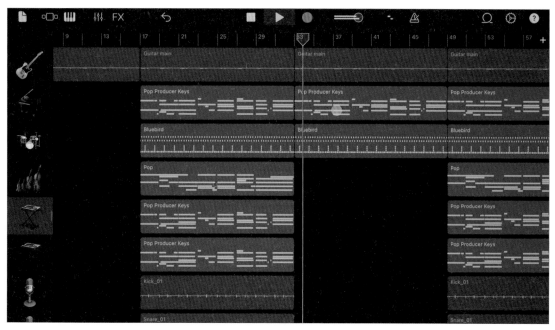

그림 2-4-45 벌스부분 악기 줄이기

다음은 브릿지를 만들어 후렴과 벌스 사이의 갭을 줄이면서 곡이 더 진행되는 느낌을 주었습니다. 악기가 벌스보다는 많게, 후렴보다는 적게 들어가게 만들었습니다. 학창 시절, 음악 시간에 AABA나 A' 같은 곡의 구성을 배웠을 것입니다. 여기서는 A를 완성해서 악기를 넣었다 빼면서 A'를 만들어주며 형식을 진행합니다. 여기서 형식에 좀 더 변화를 주어 악기의 멜로디나 코드를 바꿔 B를 만든다면, 곡이 더 풍부하게 구성되는 느낌이 들 것입니다.

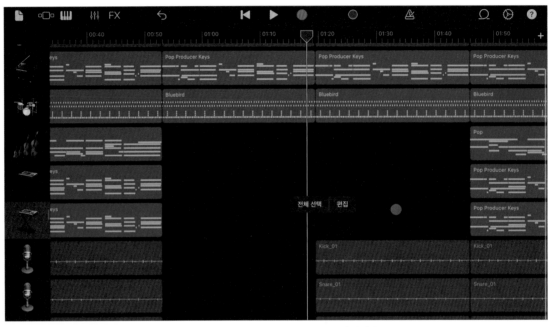
그림 2-4-46 벌스와 브릿지 중간의 브릿지 느낌 살리기

브릿지 뒤에 16마디의 후렴을 진행하고 잠시 브레이크를 쥤습니다. 계속해서 벌스, 후렴, 벌스, 후렴, … 이런 식으로 진행되면 귀가 지루해지기 때문입니다. 여기서 필자는 메인 멜로디 라인인 기타를 제외하고 피아노 악기를 돋보이게 해서 새로운 느낌을 쥤습니다.

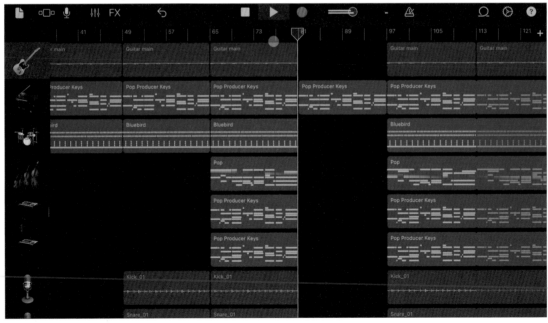
그림 2-4-47 브레이크 만들기

레이어가 부족한 느낌이라 Pluck 악기도 살려 피아노의 고음부를 살려줍니다.

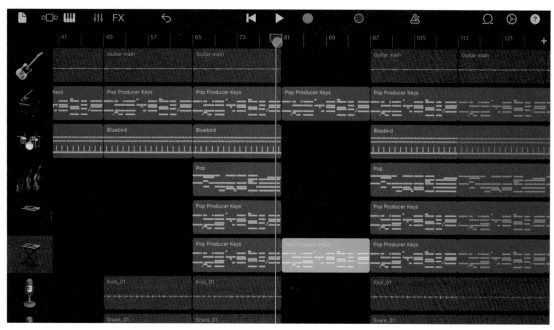

그림 2-4-48 브레이크 피아노 음색 다듬기

아직 소리가 많지 않아 허전한 느낌이 듭니다. 새로운 텍스처를 넣기 위해 기타를 코드별로 자릅니다.

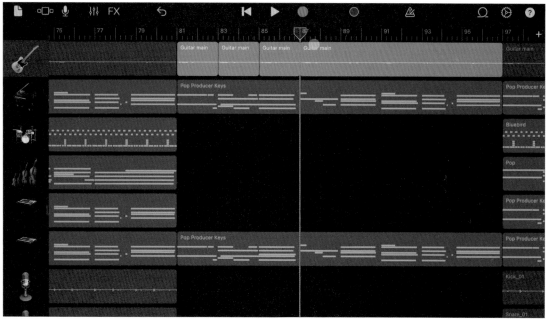

그림 2-4-49 독특한 텍스처를 위해 기타 분할

그리고 트랙을 하나 만듭니다.

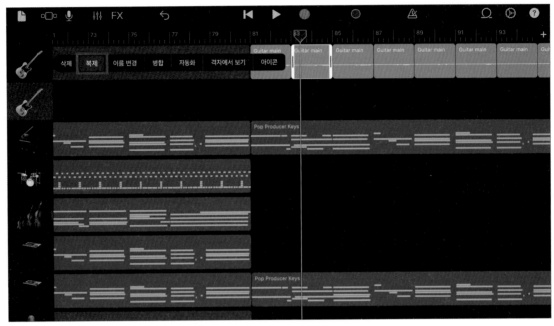

그림 2-4-50 기타 트랙 복제

하나하나 자른 트랙을 밑으로 옮깁니다. 이 기타는 이펙트처럼 사용할 예정입니다. 마치 항상 주인공 역할을 하는 배우에게 조연을 맡기는 것과 같습니다.

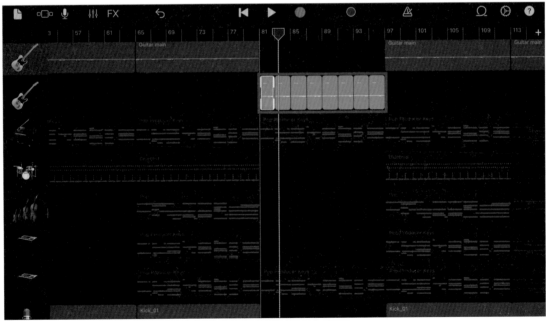

그림 2-4-51 브레이크 부분 기타 복제 트랙으로 이동

우선 볼륨을 조절하고 리버브를 조금 줍니다. 선명하게 들리던 기타 소리가 흐릿하게 들리면서 악기가 뒤로 들어간 느낌을 주겠습니다.

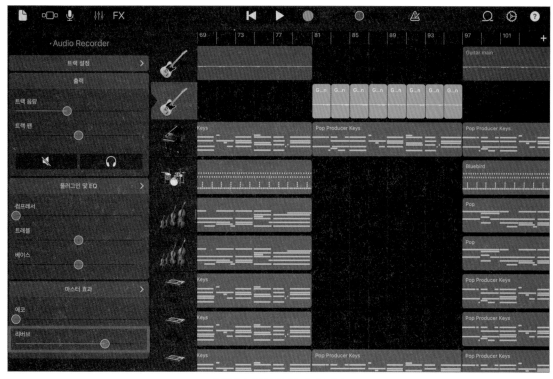

그림 2-4-52 복제 트랙 리버브 추가

그리고 이 트랙들을 선택한 뒤, 탭: 설정 - 리버스를 하여 WAV 파일의 앞뒤를 뒤집어줍니다. 그러면 뭔가 독특한 텍스처를 주면서 이 파트의 주인공인 피아노를 돋보이게 하는 악기가 됩니다.

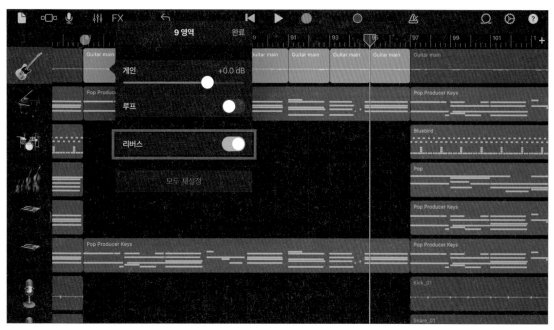

그림 2-4-53 복제 트랙 리버스하기

곧바로 후렴을 만들겠습니다.

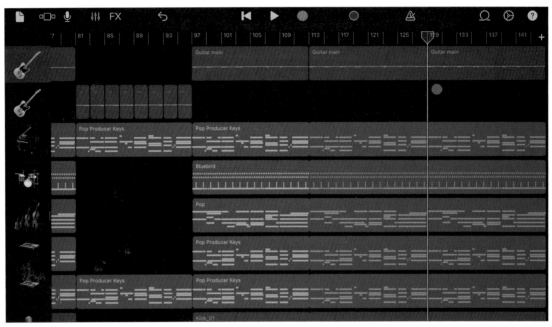

그림 2-4-54 브레이크 이후 후렴

마지막 16마디는 드럼을 제외하고 멜로디 악기들의 리듬감만 살려 곡을 자연스럽게 마무리합니다.

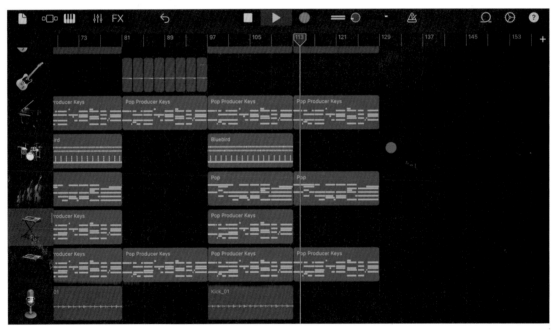

그림 2-4-55 마무리를 자연스럽게 하기 위해 드럼 악기 삭제

곡의 중간중간에 이펙트로 사용했던 기타 리버스를 넣어 노래를 꾸며줍니다.

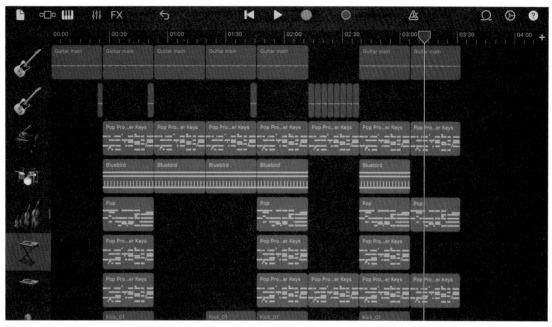

그림 2-4-56 기타 리버스를 곡 중간중간 배치

그리고 16마디의 루프가 끝나는 부분에 드럼 필인을 넣어 새로운 루프가 시작된다는 느낌을 살려줍니다.

그림 2-4-57 Loop를 사용해 드럼 필인 추가

다음 화면과 같이 루프의 끝부분에 사용합니다.

그림 2-4-58 드럼 필인이 추가된 화면

이로써 작곡 파트를 마무리했습니다.

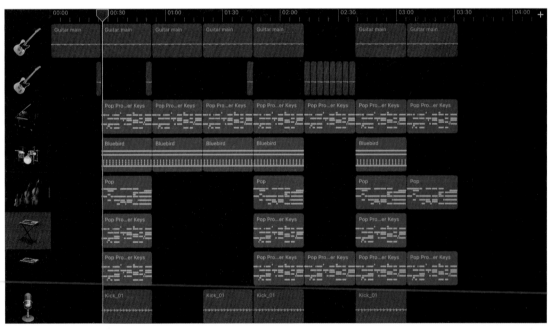

그림 2-4-59 작곡 파트 마무리

뒤에서는 이 프로젝트를 활용해 믹싱한 뒤 완벽하게 곡을 완성하겠습니다. 생각보다 어렵지 않으셨을 것입니다. 이처럼 노래를 하나 둘 완성하다 보면 곡을 완성하는 능력이 생겨서 더 빠르고 완성도 높은 음악을 만들 수 있습니다.

Chapter 5

[프로젝트3] 개러지밴드로 홈 레코딩 시작하기

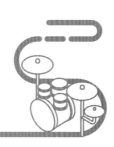

5-1 레코딩에 필요한 장비 알아보기

홈 레코딩을 시작하기에 앞서 어떤 장비가 필요한지 알아보겠습니다. 녹음을 하려면 소리를 입력할 마이크, 소리를 컴퓨터로 받고 스피커로 출력할 오디오 인터페이스, 소리를 들을 모니터링 장비가 필요합니다. 평소 음악에 관심이 많아 마이크를 가지고 있다면 콘덴서 마이크 아니면 다이내믹 마이크 둘 중 하나일 것

레코딩

입니다. 그중 콘덴서 마이크는 전원부가 따로 있는 모델인지 확인한 후, 전원이 없는 경우 Phantom Power(48V)를 켜서 세팅합니다. 준비가 다 되었다면 바로 다음 순서로 넘어갑시다.

5-2 노래 MR 파일 불러오기

노래 녹음을 시작하기 전, 녹음을 할 노래의 MR 파일을 불러와 세팅을 해봅시다. 먼저 프로젝트 화면 우측 상단의 + 버튼을 누릅니다.

그림 2-5-1 프로젝트 길이 설정

프로젝트에 MR을 불러오기 전에 먼저 섹션 길이를 자동으로 늘어나게 만듭니다. 그렇지 않으면 정해진 섹션만큼의 MR만 들릴 것입니다.

그림 2-5-2 섹션 길이 자동

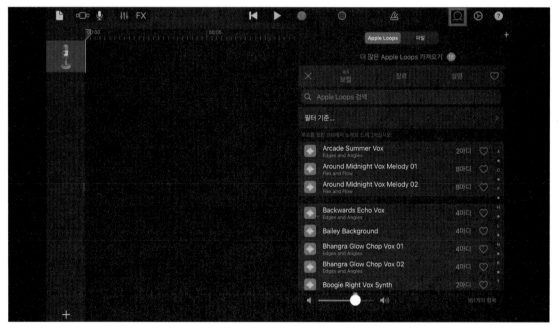

그림 2-5-3 Loops 열기

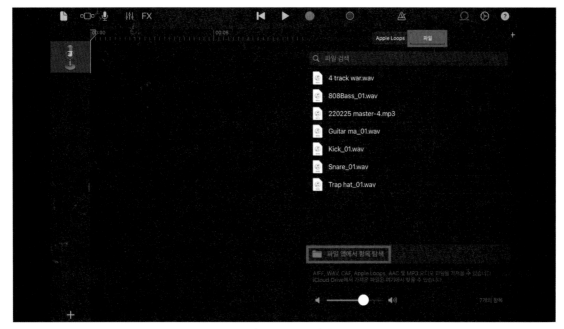

그림 2-5-4 Loops: 파일

그림 2-5-5 Loops: 파일 - 파일 앱에서 항목 탐색

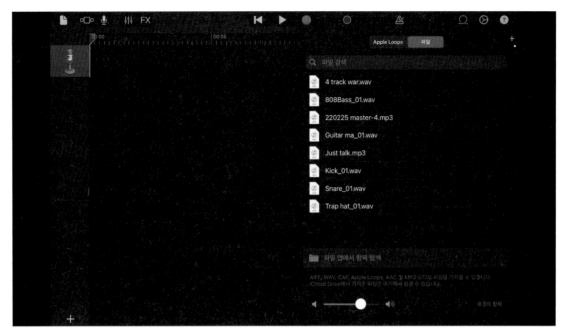

그림 2-5-6 원하는 파일을 불러온 후

앞에서 샘플을 활용한 비트메이킹에서 봤던 과정입니다. 이와 똑같은 방법으로 MR 파일을 프로젝트 파일로 불러옵니다.

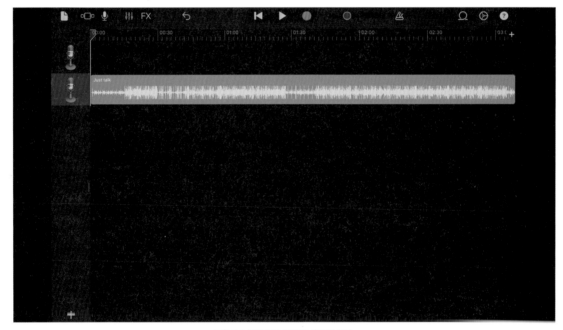

그림 2-5-7 파일을 트랙에 삽입한 화면

우측 상단의 설정 버튼을 선택하여 불러온 MR에 맞는 템포, 박자, 조표로 설정하면 세팅이 완료됩니다.

그림 2-5-8 프로젝트 설정

5-3 좋은 녹음과 안 좋은 녹음 비교하기

과연 어떻게 녹음을 해야 녹음이 잘 되는지 알아보기 위해, 좋은 녹음과 안 좋은 녹음의 예시를 직접 들어보겠습니다. 먼저 녹음을 위한 프로젝트를 만들어봅시다. 첫 화면에서 우측 상단에 있는 마이크 모양의 아이콘을 누르면 바로 녹음 트랙이 만들어진 프로젝트가 열립니다.

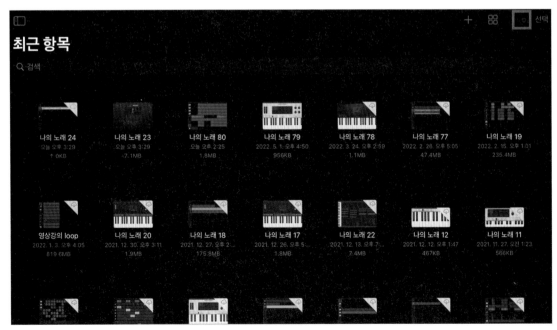

그림 2-5-9 녹음 프로젝트 만들기

그림 2-5-10 녹음 트랙이 바로 켜진 모습

그림 2-5-11 녹음 버튼을 클릭하여 녹음 실시

먼저 잘 녹음된 파일을 설명하기 위해 녹음을 했습니다. 잘 녹음된 파일의 포인트는 바로 'Peak가 뜨지 않게, 너무 작지 않게'입니다. 그중 먼저 '왜 Peak가 뜨면 안 되는지'부터 알아봅시다.

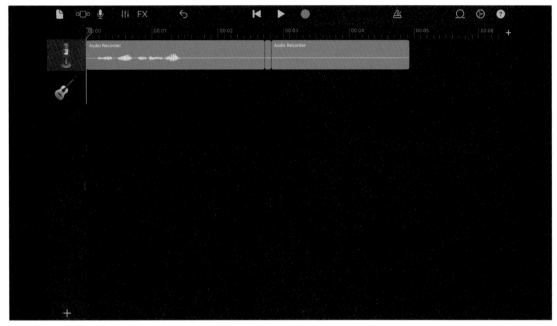

그림 2-5-12 좋은 녹음의 예시

그림 2-5-13 Peak가 뜨는 녹음

이 화면은 Peak가 뜨는 중에도 계속해서 녹음을 진행하는 화면입니다. 마치 입력과 출력이 모두 빨간불을 켜며 살려 달라고 소리를 지르는 느낌입니다. 물론 녹음된 소리 역시 마구 찢어져 상황이 심각합니다. 왜 이러한 상황이 되는 걸까요? 그 이유는 프리앰프 부분의 Gain을 너무 높게 설정한 탓입니다. Peak가 뜨면 표현할 수 있는 볼륨 레벨 이상의 소리가 들어오기 때문에 당연하게 찢어지는 소리가 녹음되는 것입니다.

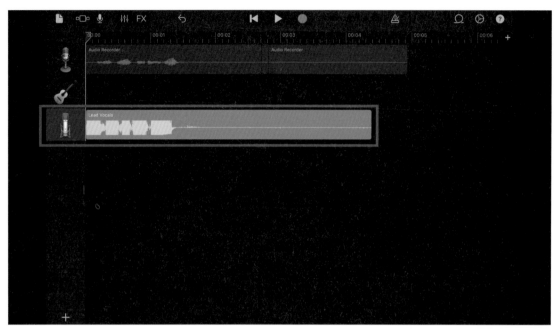

그림 2-5-14 Peak가 뜨는 녹음의 결과물

너무 높은 Gain으로 인한 문제점을 알아봤다면, 다음에는 낮은 Gain의 문제점을 알아봅시다.

그림 2-5-15 낮은 Gain의 녹음

클립에는 아무 파형도 보이지 않지만, 재생하고 볼륨을 키워보면 분명 녹음됐음을 알 수 있습니다. 얼핏 들었을 때 '그럼 작게 녹음하고 사용할 때 볼륨을 높이면 되는 거 아닌가?'라고 생각할 수 있습니다. 하지만 이 녹음 파일을 쓸 수 없는 이유는 바로 '노이즈' 때문입니다. 큰 Gain으로 녹음하는 경우나 좋은 Gain으로 녹음하는 경우, 그리고 낮은 Gain으로 녹음하는 경우 모두 노이즈가 작게 들어갑니다. 그렇다면 낮은 Gain으로 녹음을 하고 볼륨을 높이면 노이즈의 볼륨도 함께 올라갈 것입니다. 결국 동일한 볼륨 레벨에서 세 가지 녹음을 비교해본다면, '적정량의 Gain으로 녹음된 파일'이 가장 깔끔하고 상태가 좋다는 것을 알 수 있습니다.

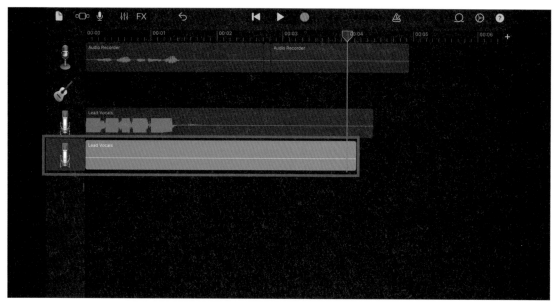

그림 2-5-16 낮은 Gain의 녹음 결과물

이외에 녹음할 때 자주 실수하는 몇 가지 상황이 있습니다. 한번 알아봅시다.

다음 화면은 녹음 초보자가 자주 하는 실수를 재연해 녹음한 것입니다. 화면으로는 뭐가 뭔지 모르겠지만 링크에서 확인한다면 "그래! 내가 저런 소리 때문에 골치 아팠지!"하고 쓸쓸한 기억을 떠올리는 분이 있을 것입니다.

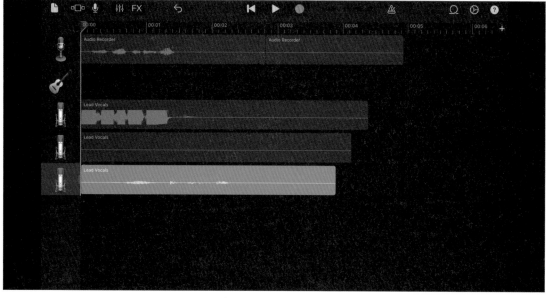

그림 2-5-17 녹음 시 자주 하는 실수

첫 번째 실수는 바로 '녹음 도중에 마이크나 마이크 스탠드를 건드리는 것'입니다. 이것을 건드리게 되면 중간에 툭 하는 소리가 들어가서 재녹음해야 하는 상황이 됩니다. 녹음 자체에 심취하여 제스처를 과도하게 크게 할 때나 손에 휴대폰이나 노트를 쥔 채 녹음할 때 주로 이러한 실수가 발생합니다. 감정을 끌어내기 위해 혹은 더 잘하기 위한 행동이니 금하거나 탓할 순 없지만, 마이크와 마이크 스탠드는 건드리지 않게 최대한 조심해야 합니다.

둘째는 소리 나는 옷을 입거나 액세서리를 걸친 채 녹음하는 것입니다. 바스락거리는 옷을 입었거나 지퍼 고리가 유난히 짤랑거리거나 악세서리를 여러 개 착용한 때, 심지어 힙합하는 분 중에는 그릴즈를 착용하는 경우도 있습니다. 물론 자신이 그 소리를 의도한 것이라면 할 말이 없지만, 대부분의 음원용 녹음을 진행할 때는 소리를 내는 것을 일제히 몸에서 분리하고 진행해야만 믹싱을 맡기거나 자신이 직접 믹싱을 할 때도 매우 편해집니다. 물론 결과물도 훨씬 좋아집니다. 지금까지 좋은 녹음을 하는 방법에 대해 알아봤으니 다음에는 보정을 해보겠습니다.

5-4 개러지밴드로 간단히 보정하기

보정의 시작은 볼륨 조절입니다. 성공적으로 녹음이 완료된 경우라도 마이크와 입의 거리 변화 혹은 아티스트가 세게 부르거나 약하게 부를 때의 볼륨 변화 등으로 인해 각 부분에 볼륨의 차이가 생기기 마련입니다. 그렇다고 모든 부분에서 볼륨이 동일하다면 재미가 없을 것입니다. 지금부터는 전체적으로 들으면서 지나치게 볼륨이 강한 부분만 분할해서 볼륨을 조절하겠습니다.

참고로 이러한 과정을 어느 정도 알고 있는 독자라면 "컴프레서로 볼륨 차이를 평탄화해도 되는 것 아닌가요?"와 같은 질문이 생길 수 있습니다. 이 말은 맞기도 하고 틀리기도 합니다. 물론 뒤에 컴프레서를 사용해 평탄화를 하는 법에 대해서도 말하겠지만, 컴프레서를 사용하여 볼륨을 컨트롤하는 것과 필요한 부분을 분할해 컨트롤하는 것은 결과물에서 확연한 차이를 보입니다. 컴프레서의 원리는 설정값 이상의 소리를 원하는 비율만큼 눌러 작은 소리와 큰 소리의 격차를 줄이는 것입니다. 이 말은 결국 설정값보다 과하게 큰 소리는 컴프레서가 과하게 걸려 갑갑한 소리가 된다는 것입니다. 녹음을 하다보면 아티스트의 강약조절로 인해 소리의 크기가 커졌다 작아졌다 할 수밖에 없습니다. 이러한 결과물에 컴프레서를 사용해 볼륨을 평탄화 한다면 필연적으로 컴프레서가 과하게 걸린 부분이 생겨 듣기가 불편해지게 됩니다.

그에 반해 제가 사용한 방법, 즉 부분 분할 후 볼륨 수정을 할 때 원래 녹음된 소리에는 전혀 변화 없이 단순히 볼륨에만 변화를 준다면 과하게 큰 부분은 많이 줄이고 작은 부분은 크게 해서 듣기 좋은 밸런스로 조화를 이룰 수 있습니다. 그리고 조화를 이루어 잘 녹음된 파일이 더 유려하게 들리게 됩니다(사실 부분 볼륨 조절만 잘 한다면 컴프레서를 굳이 걸지 않아도 됩니다).

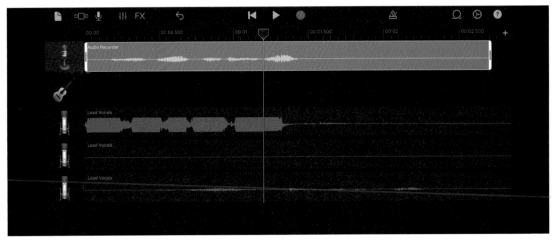

그림 2-5-18 녹음 파일 보정(부분 볼륨 조절)

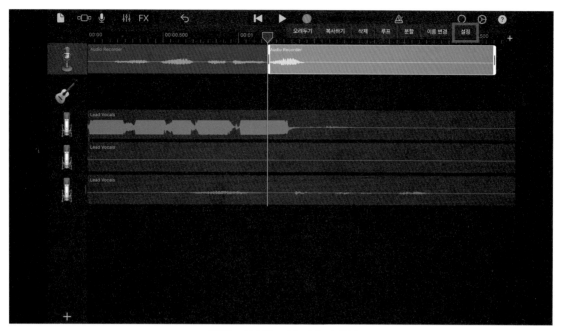

그림 2-5-19 볼륨 조절을 원하는 곳 분할

그림 2-5-20 수정할 부분 선택 후 설정에서 볼륨 조절

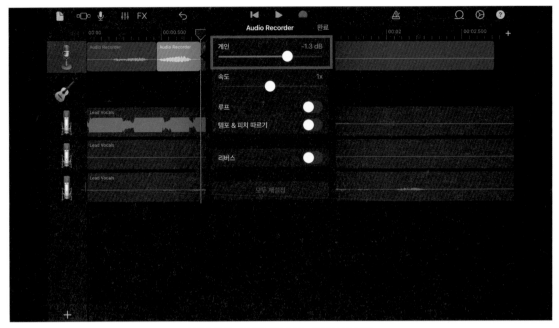

그림 2-5-21 다른 필요한 부분도 자른 뒤 볼륨 조절

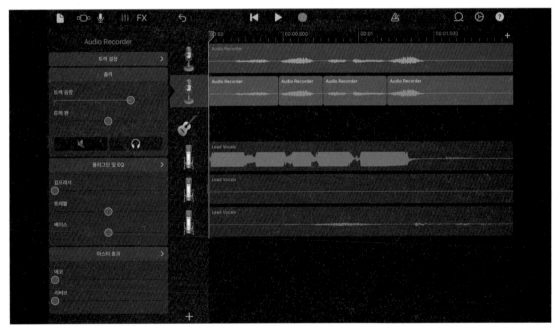

그림 2-5-22 부분 볼륨 조절 전

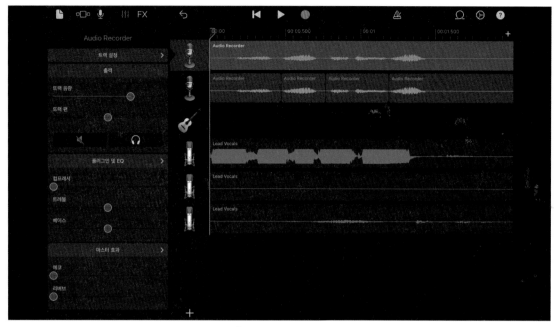

그림 2-5-23 부분 볼륨 조절 후

부분 볼륨 조절을 한 뒤 원본과 비교하면 확실히 듣기 편해진 것을 알 수 있습니다. 기계가 아닌 이상 정확한 음정으로 계속해서 부르기란 거의 불가능에 가깝습니다. 노래 연습을 꾸준히 하지 않은 사람이라면 더욱 그렇습니다. 따라서 음정 보정은 필수입니다. 노래를 정말 잘하는 가수들도 한결같이 거치는 과정입니다. 전문가처럼 세세하게 만질 수는 없지만 개러지밴드에도 음정 보정 기능이 있는데, 바로 Pitch Control입니다. 필요에 따라 이와 같이 사용해도 좋지만, 보통의 노래를 녹음하고 보정할 때는 귀로 들으며 어색하지 않을 만큼만 올려서 사용해도 보정이 꽤 잘 될 것입니다. 다만 과하게 사용하면 힙합에서 사용하는 튠의 기계 소리가 나게 되므로 주의해야 합니다.

그림 2-5-24 Pitch Control 조절로 음정 맞추기

앞에서 한번 다루었던 방법입니다. 이것 역시도 어색하지 않을 만큼 조절하면 컴프레서에 따라 독특한 질감을 추가해 더 근사한 소리를 낼 수 있습니다. 보통의 경우엔 작은 Ratio 값으로 큰 소리가 어색하지 않게 눌릴 만큼 Threshold 값을 설정해 사용합니다. 참고로 필자는 단순히 플러그인 및 EQ에서 컴프레서의 값을 귀로 들으며 맞추면서 매우 손쉽게 사용했는데, 입문자에게는 이 방법이 오히려 쉬울 수 있습니다.

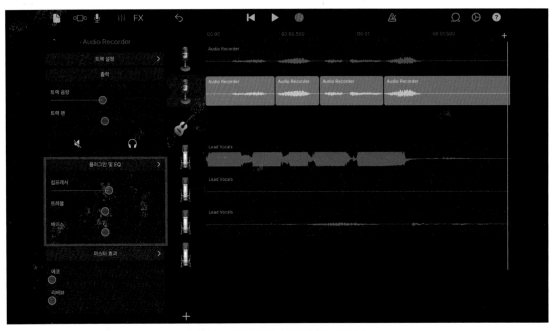

그림 2-5-25 컴프레서로 소리를 평탄하게 만들기

간단하게 에코(딜레이)를 추가해 사용해봅시다. 자세한 기능과 사용법은 이후에 나올 6장에서 믹싱을 설명할 때 알아보고, 우선 여기서는 쉽고 빠르게 추가해보겠습니다. 믹스창의 마스터 효과를 누르면 에코와 리버브가 있고, 각 버튼을 클릭하여 해당 이펙터의 프리셋을 고를 수 있습니다.

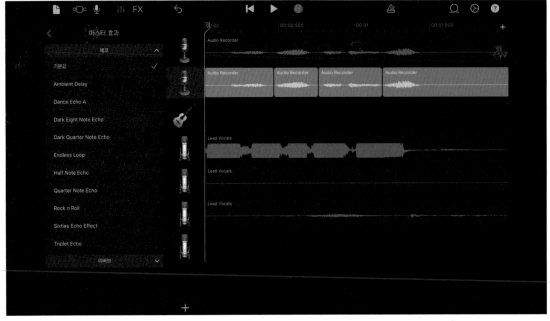

그림 2-5-26 에코 프리셋 고르기

원하는 프리셋을 고른 뒤 믹스창으로 돌아와 마스터 효과의 에코를 조절합니다.

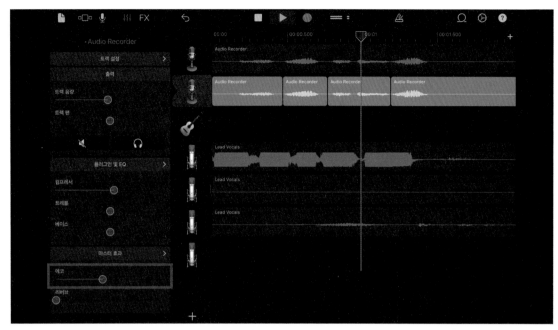

그림 2-5-27 에코 크기 정하기

리버브는 좀 더 빠르게 원하는 프리셋을 골라 조절하는 방법으로 넣었습니다. 리버브의 볼륨을 적당하게 넣은 뒤 바로 프리셋을 고르는 창으로 들어가 반복 재생을 하며 원하는 프리셋을 고릅니다. 그다음 리버브의 볼륨을 다시 한번 조절하면 완성입니다.

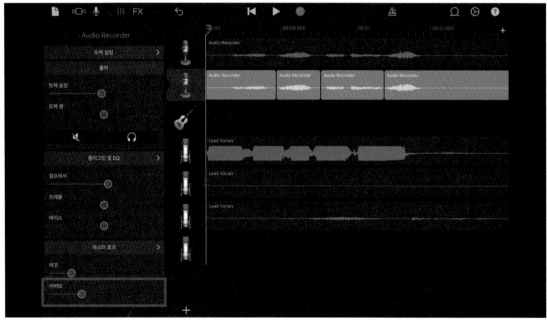

그림 2-5-28 리버브 볼륨 설정

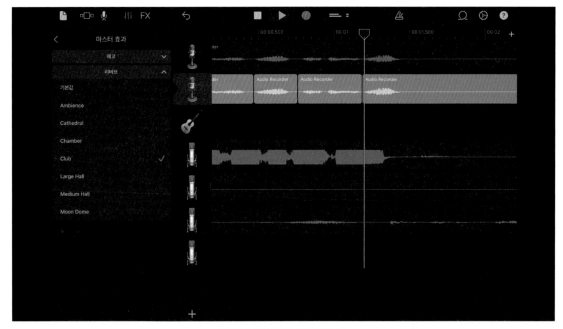

그림 2-5-29 리버브 프리셋 고르기

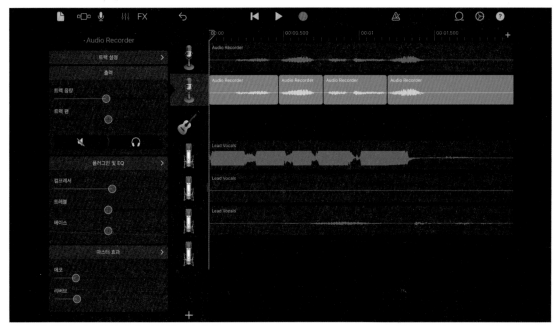

그림 2-5-30 리버브 볼륨 재조절

지금까지 개러지밴드를 활용하여 MR도 불러오고, 녹음과 녹음 후 보정까지 간단하게 해봤습니다. 여기까지 잘 따라왔다면 이제 자신이 만든 노래에 자기 목소리까지 녹음할 수 있는 작곡가가 된 것입니다.

다음 장부터는 이펙터와 자신의 소리를 더 잘 다듬는 방법을 알아보겠습니다.

개러지밴드로 작업할 때 키보드를 사용하는 분들을 위해 개러지밴드의 키보드 단축키를 알아보겠습니다.

단축키	기능	설명
A	자동화 토글 (볼륨 오토메이션)	볼륨의 오토메이션을 설정할 수 있는 창을 엽니다.
Opt + R	Remix FX 토글	Remix를 할 수 있는 Remix 창을 엽니다.
⇩	다음 트랙 선택	현재 트랙에서 다음 트랙을 선택합니다.
⇧	이전 트랙 선택	현재 트랙에서 이전 트랙을 선택합니다.
⇨	다음 영역 선택	현재 영역에서 다음 영역을 선택합니다.
Shift + ⇨	선택 항목에 다음 영역 추가	
⇦	이전 영역 선택	
Shift + ⇦	선택 항목에 이전 영역 추가	
cmd + A	전체 선택	전체 영역을 선택합니다.
R	녹음	녹음을 시작합니다.
Space	시작 / 중단	노래를 재생 / 일시 정지합니다.
H	코칭 팁 토글	현재 화면에서 도움말을 켭니다.
Opt + H	도움말 보기	도움말을 켭니다.
cmd + Z	취소	한 단계 이전으로 돌립니다.
Shift + cmd + Z	복귀	취소하기 이전으로 한 단계 돌립니다.
Enter	처음으로 이동	재생지점을 처음으로 이동시킵니다.
.	앞으로 이동	
,	뒤로 이동	
Opt + cmd + N	트랙 추가	새로운 트랙을 추가합니다.

단축키	기능	설명
K	메트로놈 토글	메트로놈을 켭니다.
Shift + K	카운트인 토글	녹음 전 4박을 세어주는 메트로놈을 켭니다.
O	루프 브라우저 보기	Apple Loop 브라우저창을 엽니다.
Back space	삭제	선택된 영역을 삭제합니다.
cmd + Back space	트랙 삭제	선택된 트랙을 삭제합니다.
cmd + D	트랙 복제	선택된 트랙을 복제합니다.
M	뮤트	해당 트랙을 뮤트시킵니다.
S	솔로	해당 트랙을 솔로로 만듭니다.
L	루프 영역 또는 셀	해당 영역을 루프시킵니다.
cmd + X	오려두기	선택된 영역을 오려둡니다.
cmd + C	복사	선택된 영역을 복사합니다.
cmd + V	붙여넣기	선택된 영역을 해당 위치에 붙여넣습니다.
cmd + T	분할	선택된 영역을 해당 위치에서 분할합니다.
cmd + J	통합	선택된 영역을 통합합니다.

MEMO

PART

3

내 음악
다듬기

Chapter 6

초보자를 위한 가벼운 믹싱과 파일 내보내기

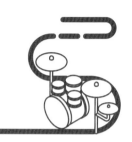

6-1 믹싱이란?

작곡 혹은 음악에 관심이 있다면 믹싱(Mixing)이란 말을 들어보셨을 겁니다. 믹싱이란 이름 그대로 섞는 것입니다. 예를 들어 육회 비빔밥을 먹는다고 생각해봅시다. 육회 비빔밥에 어떤 재료가 들어갈까요? 육회, 밥, 나물, 고추장, 참기름 정도가 들어갈 것입니다. 이 재료들을 적절히 배합해서 섞어야 맛있는 육회 비빔밥이 됩니다. 이처럼 하나의 온전한 음악을 만들기 위해 여러 악기의 밸런스를 적절히 배합해 잘 섞는 과정이 바로 '믹싱'입니다.

그렇다면 사람들은 왜 믹싱을 어려워할까요? 그 이유는 바로, 믹싱이 이펙터(바로 하단에서 설명)를 활용해 소리를 다듬는 과정도 포함하기 때문입니다. 단순히 밸런스를 맞춰 섞는 것을 넘어 악기의 위치나 공간감 등을 만들어서 마치 눈앞에서 음악 공연을 직접 보는 듯한 느낌을 줍니다. 항상 처음은 어렵습니다. 물론 저도 아직 어렵습니다. 하지만 작곡과 마찬가지로 계속해서 만들고 완성해보는 것이 바로 실력 향상의 지름길입니다.

들을 때마다 매번 아쉬운 부분이 있고, 다음 날 들으면 또 다르고, 이 정도면 되겠다 싶어 친구에게 들려주면 또 아쉬운 부분을 알려줍니다. 하지만 이건 당연한 것입니다. 완벽한 믹싱은 없습니다. 따라서 그때그때 최선을 다해 완성하고 만족하면 됩니다. 프로 믹싱 엔지니어도 이와 비슷합니다. 그러니 완벽에 대한 부담을 덜고 지금부터 가볍게 시도해봅시다.

믹싱과 마스터링의 차이가 뭔가요?

믹싱과 마스터링을 캐리어에 여행 짐을 넣는 것에 비유해보겠습니다. 옷이나 각종 여행에 필요한 물건을 잘 정리해서 액체가 새어 나오지 않게, 즉 다른 물건을 오염시키지 않게 하는 과정이 필요한 것처럼, 믹싱은 각 악기의 필요한 음역대를 잘 살리고 다른 악기를 마스킹하지 않게 잘 다듬고, 원하는 소리로 만드는 과정입니다. 반면에 마스터링은 각 항공사의 정해진 규격에 맞는 캐리어에 물건을 넣는 것처럼, 각 유통사 및 발매사의 요구조건에 맞게 음악의 크기, Sample Rate, 비트를 조절하는 과정입니다.

6-2 이펙터를 활용해 믹싱하기

믹싱을 시작하기 전에 이펙터가 무엇인지에 대해 먼저 알아보겠습니다.

■ 다이내믹 계열 이펙터

다이내믹 계열 악기를 설명하는 핵심 단어는 바로 '다이내믹 레인지'입니다. 즉, 소리의 음량차를 말하는 것입니다. 그럼 왜 특정 악기들을 '다이내믹 계열 이펙터'라고 하는 걸까요? 그 이유는 이 소리의 음량차를 조절하기 때문입니다. 여기서 "소리 크기가 앞에서 말한 공간감과 무슨 상관이 있지?"와 같은 궁금증이 생길 수 있습니다. 예를 들어, 여러분이 눈을 감은 상태에서 두 가지 박수 소리를 듣는다고 해봅시다. 하나는 큰 박수 소리, 하나는 작은 박수 소리입니다. 어떤 소리가 더 가깝게 들릴까요? 당연히 큰 박수 소리가 더 가깝게 들릴 것입니다. 즉, 우리는 소리 크기를 조절하여 소리가 가까이에서 난 건지 멀리 뒤에서 난 건지 느낄 수 있는 것입니다. 이러한 사실을 바탕으로 다이내믹 악기에 대해 알아보고, 어떻게 사용하면 원하는 효과를 낼 수 있을지에 대해 생각해봅시다.

● Compressor: Compressor란 말은 음악 혹은 음악 이외의 작업에서도 많이 들어봤을 것입니다. 말 그대로 압축해주는 장치입니다. 앞에서 설명한 다이내믹 레인지와 연관시켜 보면, Compressor라는 악기는 소리를 압축해서 큰 소리와 작은 소리의 차이를 줄입니다. 즉, 음량을 고르게 만들어주는 것입니다. 우선 이 장치를 제어하는 버튼을 알아봅시다.

그림 3-6-1 다이내믹 계열 이펙터 Compressor

- **Compressor Threshold**: 소리가 Compress되기 시작하는 음량을 조절합니다.
- **Ratio**: 소리가 Compress되는 비율을 조절합니다.
- **Attack**: 소리가 Compress되는 음량에서 언제부터 압축을 시작할지 조절합니다.
- **Gain(Input)**: Compressor로 들어오는 소리의 양을 조절합니다. 일부 Compressor에서는 Gain(Input)과 Makeup(Output) 두 개만으로 Compress되는 양을 조절하기도 합니다.
- **Mix**: 흔히 이야기하는 패러럴 컴프레싱의 기능을 하며, 이 장치를 거치지 않은 소리와 이 장치를 거친 소리를 섞어주는 비율을 정합니다.

개러지밴드의 Compressor에는 없지만 대부분의 Compressor에는 있는 기능들을 소개하겠습니다.

- **Release**: 압축된 소리를 언제부터 해제할지 조절합니다.
- **Makeup(Output)**: 이 장치를 거친 소리의 출력량을 조절합니다.
- **Gain Reduction**: 실제로 압축된 음량을 뜻합니다.

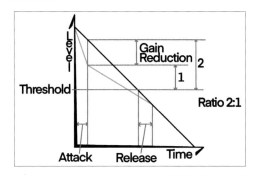

그림 3-6-2 Compressor의 각 제어 버튼을 만졌을 때 변화 그래프

● **Compressor 회로장치**: Compressor는 회로장치에 따라 네 가지로 구분하는데, 각각에 대해 알아봅시다.

그림 **3-6-3** API 2500 Compressor

그림 **3-6-4** Manley Stereo Variable MU Limiter Compressor

그림 **3-6-5** Teletronix LA-2A Compressor

그림 **3-6-6** Universal Audio 1176 Compressor

I VCA

가장 일반적인 형태의 Compressor입니다. Voltage Control 스타일이며 반응속도가 빨라 피크를 제거하기 쉽습니다. 대표적으로는 SSL Bus Compressor와 API 2500이 있습니다.

I Vari-mu

진공관을 활용한 Compressor입니다. Attack이 느리며, 부드럽고 조화로운 소리를 냅니다. 대표적으로 Manley, Fairchild Compressor가 있습니다.

I Opto

소리의 신호를 빛의 신호로 변환시켜 작동하는 Compressor입니다. Attack이 느리며, 소리를 빛으로 바꾸며 얻는 따뜻한 느낌을 소리에 입힙니다. 주로 보컬이나 기타에 사용됩니다. 대표적으로 LA-2A, CL1B Compressor가 있습니다.

I FET

Field Effect Transister의 약자로, 트랜지스터의 Field Effect를 활용하는 Compressor입니다. Attack이 빠른 Compressor이기 때문에 드럼 같은 리듬 악기에 자주 사용됩니다. 대표적으로 1176시리즈 Compressor가 있습니다. 참고로 필자는 이 Compressor를 패러럴 컴프레싱해서 고음역대의 파열음 서스테인을 살려 풍부한 드럼 소리를 만드는 데 자주 사용합니다.

● **Parallel Compressing**: 앞서 Compressor를 설명할 때 여러 번 언급됐습니다. 거창한 이름과 달리 생각보다 간단하게 사용할 수 있습니다. 요즘 나오는 이펙터는 맨 끝단쪽에 Mix라고 표시된 노브가 있는데, 이 노브가 바로 Parallel 방식을 간편하게 사용하도록 만들어놓은 기능입니다. 원리는 간단합니다.

- Parallel 할 악기의 신호를 받을 Aux 트랙을 하나 만듭니다(단순히 그 악기를 그대로 하나 복사해도 됩니다).
- 하나의 소리는 그대로 사용하고, Aux 혹은 복사된 트랙에 Parallel로 사용할 Compressor(다른 악기도 가능합니다)를 불러온 다음, 소리를 다듬어 줍니다.
- 원래의 신호와 Aux 혹은 복사된 트랙의 신호 음량을 적절하게 섞어 사용해줍니다.

이러한 방식으로 간단하게 Parallel Compressing을 사용할 수 있습니다.

Aux 트랙이 없는 개러지밴드에서의 사용법

Parallel Compressing의 원리를 이해한다면 이미 눈치를 챘을 수 있습니다. 바로 대상 트랙을 복사해서 하나는 원음 그대로, 하나는 Compress된 소리를 만들어 음량을 조절해 섞어주는 것입니다. 혹은 Compressor의 Mix 양을 조절해도 같은 효과를 낼 수 있습니다.

- Band Compressor: 앞에 나온 Compressor 이펙터가 해당 트랙의 모든 소리를 Compress하는 것이라면, Band Compressor 이펙터는 해당 트랙을 여러 개의 음역대로 나누어 음역대별로 Compressor 이펙터를 걸어줍니다. Mix 시 자주 사용하며, 주로 해당 트랙의 특정 음역대만을 Compress하고 싶을 경우에 사용합니다.

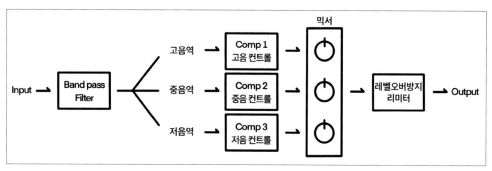

그림 3-6-7 Band Compressor의 작동원리

- DeEsser: DeEsser 역시 Compressor 악기를 응용해 만든 악기입니다. 주로 보컬의 치찰음을 Compress하는 용도로 사용합니다. 치찰음이 주로 있는 고음역대의 소리만 조절해 Compress시키는 이펙터입니다.

- Limiter: 앞서 나왔던 Compressor와 원리가 비슷합니다. 하지만 Compressor가 일정 비율만큼 압축했다면, Limiter는 Threshold 이상의 소리를 1:10 이상으로 눌러서 소리가 Threshold 값 위로 넘어가지 못하게 합니다. Peak가 뜨는 것을 막기 위해 맨끝에 Limiter를 항상 걸어두고 작업합니다. 사용법 또한 Compressor와 동일합니다.

- Expender: Compressor와 Limiter가 Threshold 이상의 소리를 눌러줬다면, Expender와 Gate는 Threshold 이하의 소리를 압축하고 제거하는 기능을 합니다. 악기를 제어하는 버튼들 또한 Compressor와 동일합니다. 주로 노이즈를 없애거나 악기의 서스테인을 줄이는 데 사용하며, 악기의 그루브감을 살릴 수 있습니다.

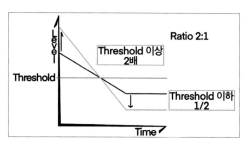

그림 3-6-8 다이내믹 계열 이펙터에서의 Threshold와 Ratio 값의 상관관계

- Gate: Expender가 Compressor라면, Gate는 Limiter라고 생각하면 편합니다. Threshold 이하의 소리는 모조리 없애버립니다. 주로 노이즈를 제거하는 데 사용하며, Noise Gate라고도 합니다.

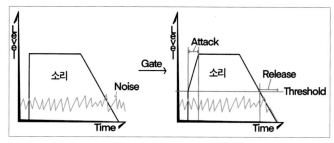

그림 3-6-9 Gate의 제어 버튼에 따른 변화 그래프

■ 모듈레이션 계열 이펙터

원음 신호를 조절하여 효과를 주는 계열의 이펙터들입니다. '변조'라는 단어가 이 계열의 악기를 설명하기 딱 좋은 말입니다. 이 계열의 악기에는 공통적으로 LFO라는 것이 존재합니다. LFO란 Low Frequency Oscillator의 약자로, 엄청 낮은 주파수의 신호를 발생시킵니다. 그리고 이 신호의 주기에 따라 해당 악기의 버튼을 작동시키는 신기한 기능입니다. 말로만 설명하니 이해가 안 갈 수 있지만, 이후에 악기들을 설명하면서 한 번 더 알아보겠습니다.

● Phaser / Flanger: 원음과 위상이 다른 신호를 섞어 만드는 효과입니다. Flanger와 Phaser는 둘 다 지연된 신호를 원래 신호와 섞어 효과를 주지만, 처리방식이 달라서 소리가 달라집니다.

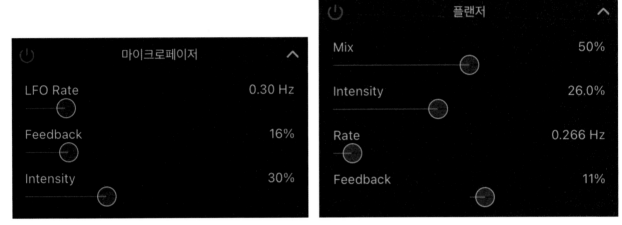

그림 3-6-10 모듈레이션 계열 이펙터 Phaser와 Flanger

마이크로페이저와 플랜저는 일반적으로 같은 기능을 가지고 있어서 소리 조절방법도 같습니다. 따라서 기능에 대해서는 함께 설명하도록 하겠습니다.

- **LFO Rate(=Rate)**: LFO의 주파수(빠르기)를 설정합니다.

- **Intensity**: 소리가 변조되는 양을 조절합니다.

- **Feedback**: 처리된 신호가 다시 입력되는 정도를 조절합니다.

- **Mix**: 원음과 처리된 음을 섞어줍니다.

● Chorus: 앞의 이펙터들과 원리가 비슷하지만, 소리를 더 풍성하게(음상이 넓어 보이는 효과) 해주는 악기입니다.

그림 3-6-11 모듈레이션 계열 이펙터 Chorus

- Tremolo: 악기의 볼륨에 일정한 주기로 변화를 줘서 울렁울렁거리는 효과를 만드는 이펙터입니다. 앞서 나온 이펙터들과 같이 LFO의 주기에 맞춰 볼륨에 변화를 줍니다.

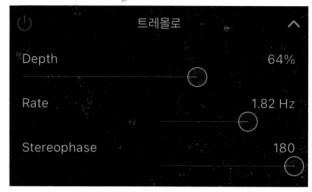

그림 3-6-12 모듈레이션 계열 이펙터 Tremolo

- Pitch Shifter: 악기의 음정을 조정하는 이펙터입니다. 반음 단위로 움직이며, Cent(반음을 100개로 나눈 단위)로 더 세밀하게 조절할 수 있습니다. 잘 알려진 오토튠이나 멜로다인이 바로 이 분류에 속하는 악기입니다.

그림 3-6-13 모듈레이션 계열 이펙터 Pitch Shifter

■ 공간 계열 이펙터

소리에 공간감을 입혀주는 이펙터입니다. 소리의 잔향, 메아리를 만들어서 소리가 공간 속에서 울리는 느낌을 줍니다. 흔히 사람들이 노래방에서 '에코'라고 말하는 것이 바로 이 이펙터 계열에 속합니다. 좀 더 자세히 알아봅시다.

- Reverb: 쉽게 말하면 '잔향'입니다. 소리가 튕길 곳이 없는(혹은 튕기지 않는) 장소가 아닌 이상 잔향은 항상 존재합니다. 우리가 평상시에 말할 때도 존재합니다. 그럼 '잔향이 어떻게 공간감을 주는 거지?' 하는 생각을 할 수 있습니다. 일단 '잔향'을 조절하는 기능을 알아보고 예시를 들어 설명하겠습니다.

그림 3-6-14 공간 계열 이펙터 Reverb

- **Predelay**: 원래의 소리(직접음)와 초기 반사음(Early Reflection)이 나오기까지의 시간을 조절합니다. 처음 접하는 분에게는 가장 어려운 기능이기도 한데, 우선 간단하게 설명해보겠습니다. 넓은 콘서트홀 혹은 공중화장실에서 필자가 이야기를 한다고 가정해봅시다(이해를 돕기 위해 울림이 많고 넓은 장소를 택했습니다). 필자가 멀리서 이야기한다면 직접음(잔향이 없는)의 소리가 작고 잔향이 많이 섞인 소리가 들릴 것이고, 바로 앞에서 이야기한다면 직접음이 명료하게 들리고 벽, 바닥, 천장 등에 튕긴 잔향이 들릴 것입니다. 바로 이러한 차이입니다. 앞서 말했듯 직접음과 초기 반사음 사이의 시간을 조절해 악기 위치, 즉 악기가 앞에 있고 뒤에 있고를 조절합니다.

- **Spread(=Size)**: Reverb가 울리는 공간의 크기를 조절합니다. 말 그대로 믹싱하는 노래의 공간 크기를 조절합니다.

- **Reverb Time(=Decay Time)**: Reverb가 지속되는 시간을 조절합니다. 다른 기능을 잘 모를 때 이 버튼을 적당히 조절해 보면 어느 정도 원하는 효과를 얻을 수 있습니다.

- **High Cut**: 이 기능은 뒤에 설명할 Filter 계열 혹은 EQ 악기라고 보면 되는데, 말 그대로 High 부분을 Cut합니다. 다른 이름 Low Pass라고도 부릅니다.

- **Mix(Dry/Wet)**: Reverb 회로를 통과하지 않은 원음과 회로를 통과한 소리를 비율에 맞춰 섞어줍니다. 인서트에 걸어 사용할 때 유용합니다.

● **Reverb로 공간감 만들기**: 각 조절 기능을 알아봤으니 예시를 통해 어떻게 사용하는지 직접 살펴봅시다.

- **Insert**: 주로 하나의 악기에 특이한 공간감을 줄 때 시용합니다. 먼저 Insert에 직접 연결해 사용해봅시다. 피아노 악기만 저 멀리서 들리는 느낌을 주기 위해 Insert를 사용한다고 가정해봅시다. '아득히 멀리서 들려오는 소리'를 상상해보면, 많은 잔향감에 멀리서 들려오다 보니 중음역대만 잘 들릴 것입니다. Predelay부터 봅시다. 멀리서 들려오는 거라 거의 0에 수렴하게 둡니다. 아득히 멀리서 울려오기 때문에 Decay Time이 길고 Size가 클 것입니다. Diffuse는 자신이 원하는 분산 정도로 맞춰줍니다. High와 Low가 적을 테니 High Cut, Low Cut도 과감히 해줍니다. 그리고 Mix는 Reverb된 소리를 많이 섞어주어 잔향을 많게 해줍니다. 지금처럼 모든 악기를 걸기 전에 자신이 왜 사용하는지, 어떤 소리를 원하는지 명확히 한다면 악기의 조절 기능을 숙지해 원하는 소리를 충분히 만들 수 있습니다.

- **Aux send**: Reverb Aux 트랙을 만들어 사용하면 어떤 점이 좋을까요? 하나의 트랙으로 여러 악기에 Reverb를 걸 수 있으니 CPU 부담이 적고, 통일된 Reverb를 사용함으로써 여러 악기가 한 공간에 있다는 느낌을 줄 수 있습니다. 그리고 하나하나 조절할 필요

없이 하나만 세팅이 잘 돼 있으면 각 악기의 Aux send 양만 조절하면 되니 간편합니다. 이러한 경우 다른 세팅들은 위와 같은 방법으로 진행하며, Mix 값을 100으로 두고 작업하면 됩니다.

- **Delay**: Reverb가 잔향이었다면 Delay는 메아리라고 생각하면 됩니다. 잔향과 다른 반사음이 들리는 듯한 효과를 주는 이펙터입니다. Delay 이펙터는 패닝에 따라 Mono, Stereo, Ping pong으로 나눠 사용합니다. 이 이펙터의 조절 기능에 대해 알아보겠습니다. 참고로 개러지밴드에서는 '에코' 혹은 '트랙 에코'로 Delay 기능을 사용할 수 있습니다.

그림 **3-6-15** 공간 계열 이펙터 Delay

- **Delay Time**: 메아리가 몇 초마다 울리는지 설정합니다. 시간 단위로 조절하는 경우도 있는데, 요즘 나오는 악기는 대부분 BPM 과 싱크를 맞춰 4분음표, 8분음표 등 음표 단위로도 설정할 수 있습니다.

- **Repeat**: 딜레이가 얼마나 많이 울리는지 설정합니다.

- **Color**: 딜레이가 거친 소리를 밝게 만들거나 어둡게 만듭니다(어둡게 할수록 저음역대가, 밝게 만들수록 고음역대가 많아짐).

- **Mix(Dry/Wet)**: 다른 악기들과 마찬가지로 Delay 회로를 통과하지 않은 원음과 Delay 회로를 통과한 소리를 섞어줍니다.

■ 필터

- **Equalizer**: 흔히 EQ라고 알고 있습니다. 음악을 좋아하는 분이라면 음악 플랫폼에서 제공하는 EQ를 접했을 것입니다. 우리 가 아는 EQ에도 여러 종류가 있는데, 우선 가장 많이 쓰이는 Parametric EQ에 대해 알아보겠습니다. 이 이펙터는 자신이 원하는 주파수 대역을 키우거나 깎는 데 사용합니다. 이 주파수 대역을 키우거나 깎는 곡선의 모양에 따라 여러 가지로 나뉘는데, 우선 곡선의 종류에 대해 알아봅시다.

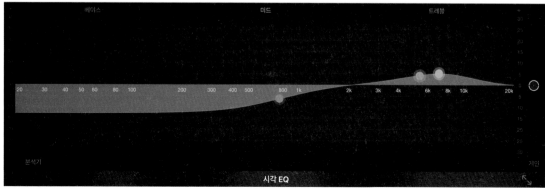

그림 **3-6-16** Equalizer

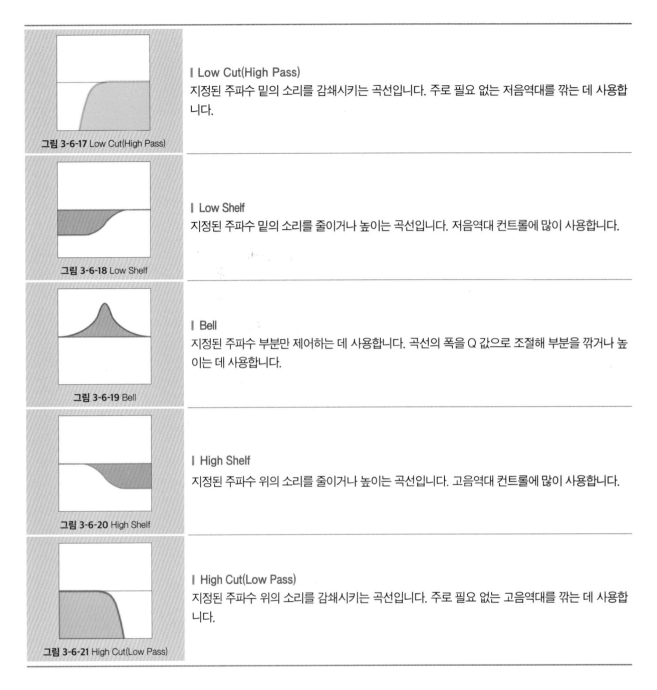

| Low Cut(High Pass)
지정된 주파수 밑의 소리를 감쇄시키는 곡선입니다. 주로 필요 없는 저음역대를 깎는 데 사용합니다.

그림 3-6-17 Low Cut(High Pass)

| Low Shelf
지정된 주파수 밑의 소리를 줄이거나 높이는 곡선입니다. 저음역대 컨트롤에 많이 사용합니다.

그림 3-6-18 Low Shelf

| Bell
지정된 주파수 부분만 제어하는 데 사용합니다. 곡선의 폭을 Q 값으로 조절해 부분을 깎거나 높이는 데 사용합니다.

그림 3-6-19 Bell

| High Shelf
지정된 주파수 위의 소리를 줄이거나 높이는 곡선입니다. 고음역대 컨트롤에 많이 사용합니다.

그림 3-6-20 High Shelf

| High Cut(Low Pass)
지정된 주파수 위의 소리를 감쇄시키는 곡선입니다. 주로 필요 없는 고음역대를 깎는 데 사용합니다.

그림 3-6-21 High Cut(Low Pass)

● Wah: 악기의 톤과 주파수를 변화시켜 '와와' 하는 사람의 목소리를 흉내 내는 이펙터입니다. 기타 솔로, 펑크 리듬의 기타에서 주로 들을 수 있습니다. Filter 기능을 사용하여 소리에 변화를 주는 악기입니다.

■ 드라이브

이 계열의 이펙터들은 소리를 찌그러뜨려 거친 소리를 만듭니다. 헤비메탈 음악처럼 강렬하고 거친 소리를 내는 데 사용할 수도 있고, 아주 약간 왜곡해 소리의 명료함을 주거나 캐릭터를 살리는 데 사용할 수도 있습니다.

● Overdrive / Distortion: 두 이펙터는 모두 '앰프의 입력 신호를 높여 소리를 찢어지게 하는 원리'로 소리를 만듭니다. 원형의 이펙터 같은 경우에는 사용법이 매우 간단합니다.

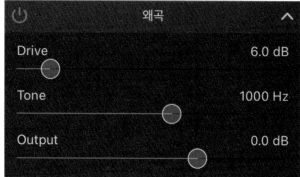

그림 3-6-22 드라이브 계열 이펙터 Overdrive와 Distortion

- **Drive(=Gain)**: Input 신호의 크기, 즉 소리의 왜곡 정도를 정합니다. 처음부터 과하게 크게 하면 소리가 지나치게 크고 많이 찌그 러질 수 있으니 서서히 올리며 정해줍니다.

- **Tone**: 해당 이펙터의 소리 변화 주파수대를 조절합니다.

- **Output(=Volume)**: 이펙터를 거친 소리의 볼륨을 정합니다. 이것 역시 낮은 볼륨에서 소리를 만진 뒤 적정 볼륨으로 조절하는 것 이 좋습니다.

6-3 내가 만든 음악 믹싱하기

믹스 비트메이킹 1

■ 믹싱 콘셉트 설정 및 볼륨 조절로 악기 줄세우기

믹싱을 시작하기에 앞서, 어디서부터 어떻게 접근해야 할지에 대해 많은 분이 어려워합니다. 다른 유튜브 강의들을 보면 볼륨을 조절한다거나 어떻게 패닝을 하고 여기선 어떤 이펙터를 얼마만큼 넣는다는 식으로 설명합니다. 하 지만 정확히 어떤 작업을 하는 것인지 제대로 이해하지 못하고 무작정 따라 하다 보면 정말 '무작정'의 결과물이 나오기 마 련입니다. 따라서 우선 어떤 작업인지 정확하게 이해해봅시다.

우리는 앞에서 열심히 공들여 멋진 음악을 만들었습니다. 이 음악을 공연장에서 그대로 연주한다고 해봅시다. 우리가 총괄 음악감독이라면 메인 보컬은 당연히 무대 맨 앞에 둘 것입니다. 그리고 그 악기가 이 음악에서 어떤 역할을 하는지 정확하 게 파악한 다음에 각 악기의 위치를 지정해줄 것입니다. 한 문장으로 요약하면, '해당 음악의 각 악기가 이 음악에서 어떤 역 할을 하는지 파악하고, 악기를 맞는 자리에 배치하는 작업'인 것입니다. 자, 그럼 바로 시작해봅시다.

먼저 우리가 작업했던 프로젝트를 불러옵니다(필자는 Part 2에서 만든 R&B 비트를 불러왔습니다).

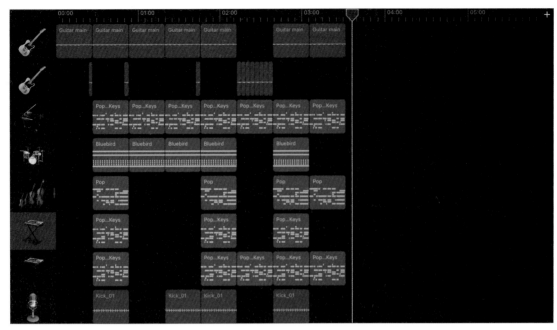

그림 3-6-23 믹싱할 프로젝트 불러오기

악기들이 함께 연주되는 부분을 재생해 프로젝트의 악기 배치가 어떻게 잘못됐는지, 어떤 방식으로 믹싱을 진행할지, 어떤 포인트를 살려야 할지 등에 대해 작전을 세웁니다. 이 과정에서는 믹싱을 진행하고 싶은 방향과 비슷한 음악을 레퍼런스 음악으로 정한 뒤, 해당 레퍼런스 음악이 어떻게 믹싱되었고 본인의 음악과 어떻게 다른지 생각하면서 들어봅니다.

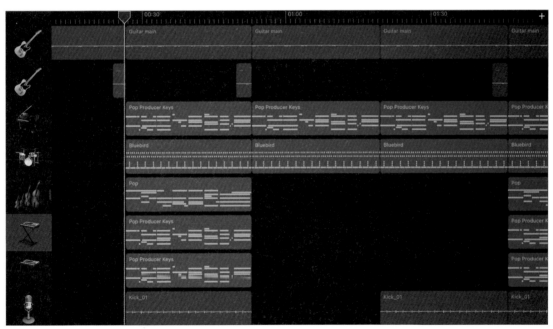

그림 3-6-24 프로젝트 들으며 믹싱 방향 생각해보기

우선 볼륨 조절을 통해 악기를 앞이나 뒤로 보내는 작업을 해보겠습니다. 참고로 필자는 드럼의 볼륨을 기준으로 작업하겠습니다. 드럼 볼륨을 기준으로 삼은 이유는 가장 큰 볼륨값을 가져야 하기 때문입니다. 가장 큰 소리를 중심으로 다른 소리의 볼륨을 줄여나가는 방식으로 믹싱을 진행하지 않으면, 나중에 모든 소리가 커져서 볼륨이 피크를 치는 등 귀가 아픈 일이 발생할 수도 있습니다. 따라서 필자는 볼륨이 가장 큰 드럼 소리를 맞춘 뒤에 그 소리를 기준으로 다른 악기의 볼륨을 맞춥니다.

그림 3-6-25 드럼 볼륨을 기준으로 전체 트랙 볼륨 맞추기

메인 악기인 기타는 앞쪽에서 들리게 배치합니다.

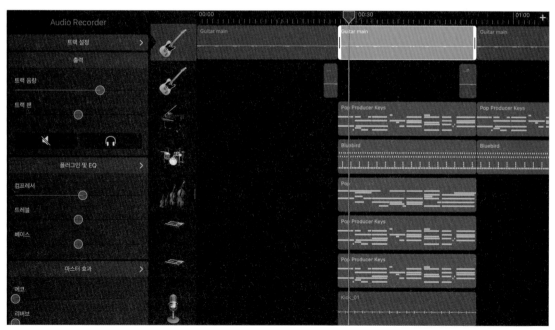

그림 3-6-26 기타 볼륨 조절

두 번째 메인 악기인 피아노는 기타보다 조금 뒤에서 들리게 맞춥니다. 이때 가장 중요한 것은 계속 들으면서 모니터링을 해야 한다는 것입니다. 눈에 보이는 볼륨값은 믿지 말고, 계속 들으면서 모니터링을 해야 합니다.

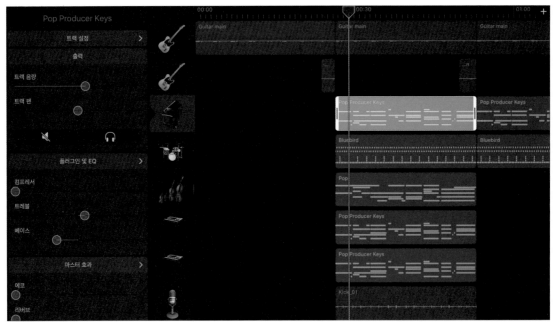

그림 3-6-27 피아노 볼륨 조절

스트링 악기는 뒤에서 모든 악기를 감싸는 느낌을 주기 때문에 뒤쪽으로 밀어줍니다. 뒤에서 은은하게 감싸주듯이 말입니다.

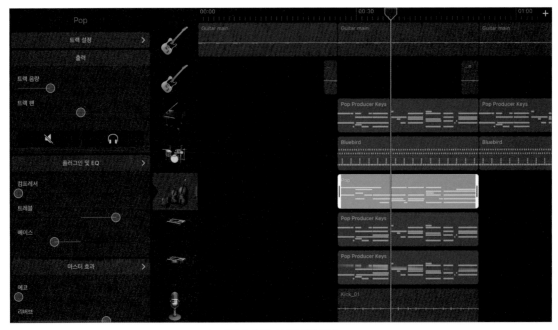

그림 3-6-28 스트링 볼륨 조절

다음은 아르페지오 악기입니다. 리듬을 쪼개는 역할과 부족한 고음부를 채우는 악기이므로 메인과 스트링의 사이쯤에 배치되도록 볼륨을 조절합니다.

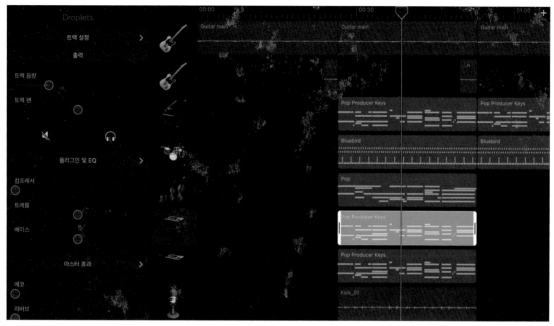

그림 3-6-29 아르페지오 악기 볼륨 조절

다음은 피아노의 부족했던 텍스처를 보강하기 위해 사용된 악기입니다. 이 악기는 피아노를 보조하기 때문에 들리는 듯, 들리지 않는 듯 미묘하게 조절합니다.

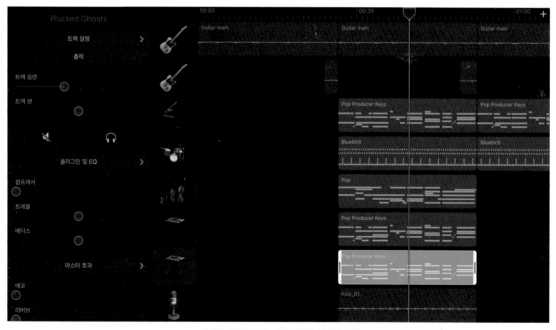

그림 3-6-30 피아노 텍스처 악기 볼륨 조절

베이스 악기는 드럼과 잘 어울리게 조절했습니다. 애매할 때는 레퍼런스 음악을 참고합시다. 참고로 베이스와 드럼이 음악에서 중요한 역할을 하기 때문에, 필자는 베이스와 드럼 악기를 배치할 때 레퍼런스 음악을 가장 많이 참고하여 작업합니다.

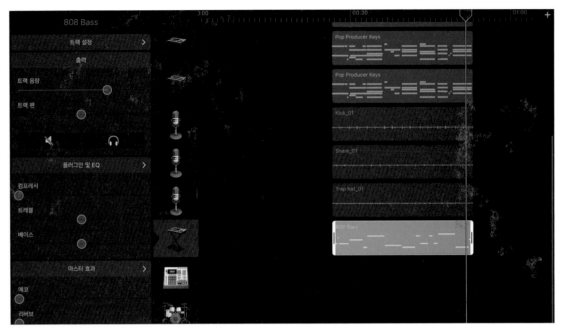

그림 3-6-31 베이스 볼륨 조절

다음은 컴프레서를 사용해 악기의 위치를 명료하게 조정하겠습니다. 앞서 컴프레서 악기에 대해 알아보았는데, 이곳에서는 어떻게 사용되는지 함께 알아봅시다.

우선 볼륨이 커지면 가까워지고, 작아지면 멀어진다는 것을 기억하실 것입니다. 악기마다 소리가 큰 부분과 작은 부분이 있습니다. 이 차이를 줄여서 악기의 위치를 더 명료하게 하기 위해 컴프레서를 사용합니다. 큰 소리를 누르면 누른 만큼 작은 소리와의 볼륨 차이가 작아지는 원리를 이용한 것입니다.

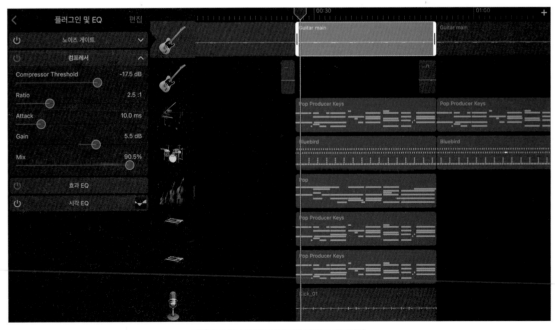

그림 3-6-32 트랙바: 플러그인 및 EQ: 컴프레서

자세한 값들까지 조절하려니 어려워지기에, 우선 간단하게 사용해보겠습니다. 왼쪽 컴프레서 밑의 바에서 원을 잡고 오른쪽으로 움직이면 컴프레서값을 조절할 수 있습니다. 물론 제대로 된 컴프레서의 사용법은 아니지만, 비슷한 효과를 낼 수 있으니 한번 사용해보시기 바랍니다.

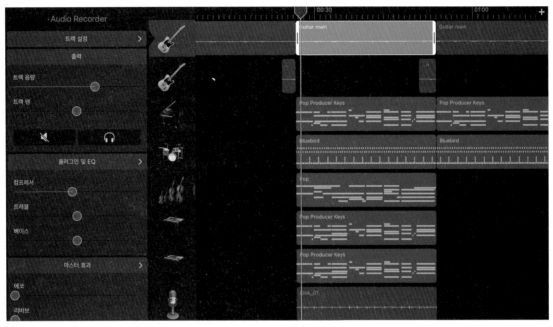

그림 3-6-33 트랙바에서 손쉽게 컴프레서 사용하기

영상과 같이 본다면, 아르페지오 악기의 소리가 컴프레서와 볼륨값의 조절로 앞으로 나오는 것을 느낄 수 있습니다.

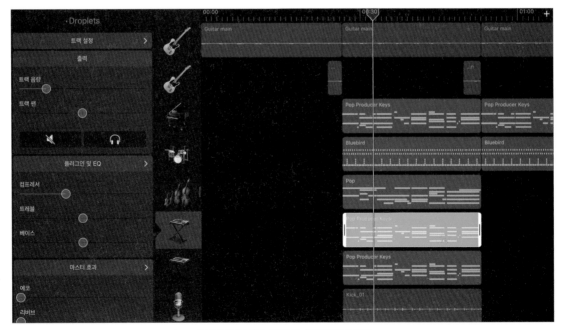

그림 3-6-34 아르페지오 악기의 컴프레서 조절

■ 패닝을 통해 좌우 공간 컨트롤하기

앞에서 볼륨 조절로 악기를 앞뒤로 배치했다면, 이번에는 좌우로 배치해보겠습니다. 마치 지금까지는 1차원으로 악기를 줄세웠다면, 이제 2차원 면의 세계로 들어간다고 생각하면 됩니다. 악기의 좌우 배치에서 가장 중요한 부분은 바로 '팬'입니다. 가운데 원을 좌우로 움직여 악기의 위치를 좌우로 움직이는 것입니다.

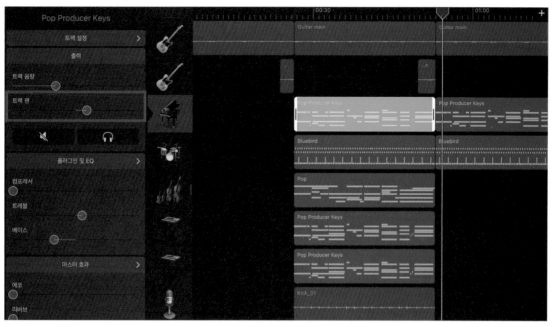

그림 3-6-35 피아노 패닝

패닝 부분에서 스트링 악기를 넓게 사용하기 위해 자주 사용하는 방법을 보여드리겠습니다. 우선 트랙을 하나 복제합니다.

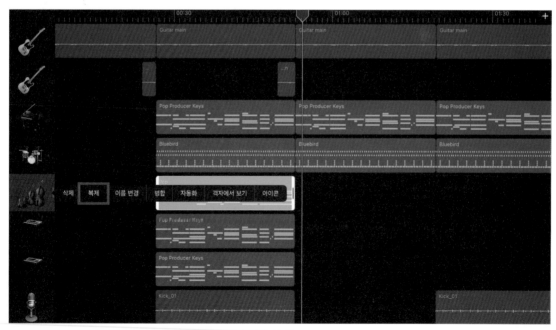

그림 3-6-36 스트링 트랙 복제를 위한 아이콘 탭

그러면 다음과 같은 화면이 나오게 됩니다.

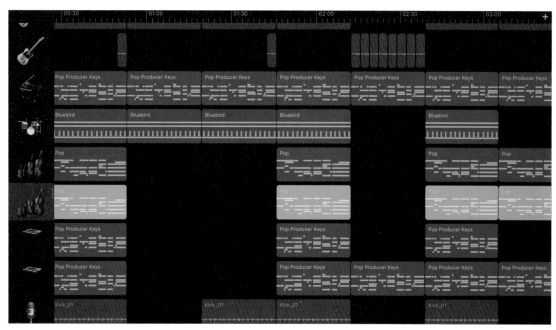

그림 3-6-37 트랙 복제 후 미디파일 복제까지 완료

다음 화면과 같이 각 트랙을 하나는 왼쪽 끝, 하나는 오른쪽 끝으로 배치합니다. 이렇게 되면 악기가 왼쪽과 오른쪽 끝에서
연주되듯 악기들을 감싸주는 느낌이 나게 됩니다.

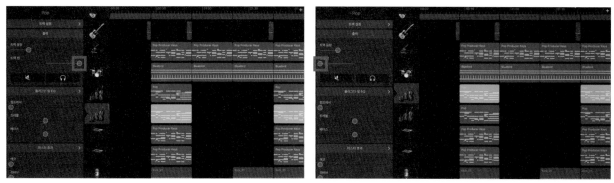

그림 3-6-38 두 개의 트랙을 각각 좌, 우 끝으로 패닝

같은 원리로 아르페지오 악기도 복사합니다.

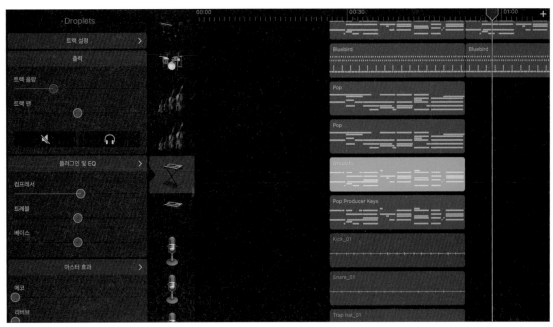

그림 3-6-39 아르페지오 악기 트랙 복제

여기서는 조금 다르게 각각 좌, 우의 중간쯤에 배치합니다. 악기를 좌, 우의 끝과 가운데만 사용하는 경우보다는 좌, 우의 끝과 가운데 사이의 공간에 다른 악기를 배치해주면 좌우의 스펙트럼이 더 넓어진 것처럼 들립니다. 그리고 결과적으로 더 넓은 공간감을 주게 됩니다.

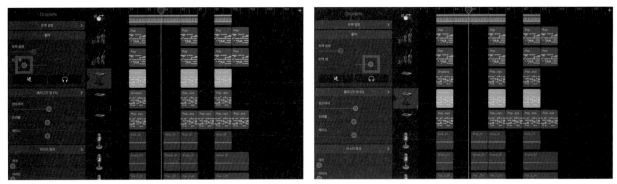

그림 3-6-40, 41 아르페지오 악기 트랙을 각각 좌, 우로 패닝

이 악기는 피아노를 보조하기 때문에 피아노가 위치한 곳의 오른쪽에 배치했습니다.

그림 3-6-42 피아노 텍스처 악기 패닝

그리고 나머지 킥, 스네어, 베이스 악기는 가운데로 맞춰줍니다. 악기의 중심을 잡아주는 악기이기 때문에 중앙에 배치합니다.

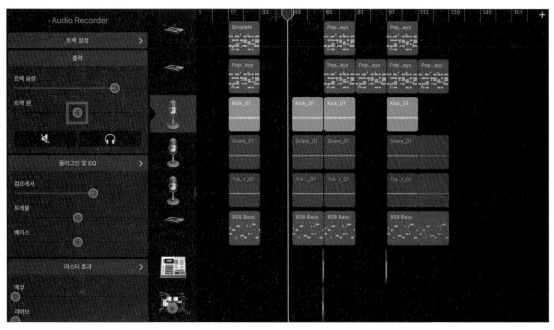

그림 3-6-43 킥 가운데로 놓기

자, 다음과 같이 악기를 공연장에 2차원적으로 배치했습니다. 물론 중간중간 들으면서 진행하셨겠지만, 여기서 한 번 더 모니터링하고 배치를 더 확실히 진행한 뒤 다음 과정으로 넘어갑시다.

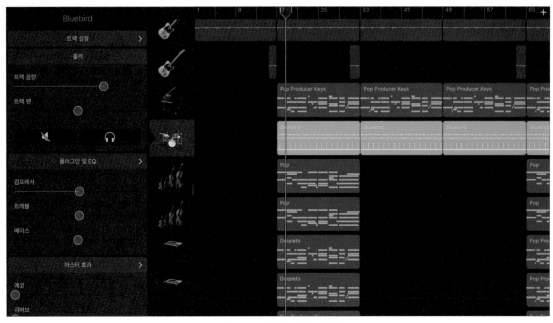

그림 3-6-44 전체 패닝 후 모니터링

■ EQ를 3가지 방법을 사용하여 음악 해상도 높이기

믹스 비트메이킹 2

EQ를 사용해 각 악기를 자신이 원하는 소리로 다듬고, 사용된 악기끼리 마스킹되는 부분을 줄여주고, 악기의 좌우 밸런스를 다르게 줘서 독특한 효과까지 내보겠습니다.

우선 메인 악기로 잡았던 기타를 다루겠습니다. 왼쪽 상단에 있는 믹서창 버튼 누르면 왼쪽에 다음과 같은 화면이 나옵니다. 여기서 중간에 있는 '플러그인 및 EQ' 오른쪽의 화살표 버튼을 클릭합니다.

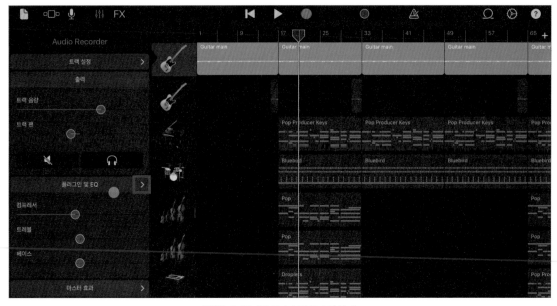

그림 3-6-45 기타 악기 솔로 후 소리 듣기

그러면 다음과 같은 화면이 나옵니다. 여기서 시각 EQ로 들어갑니다.

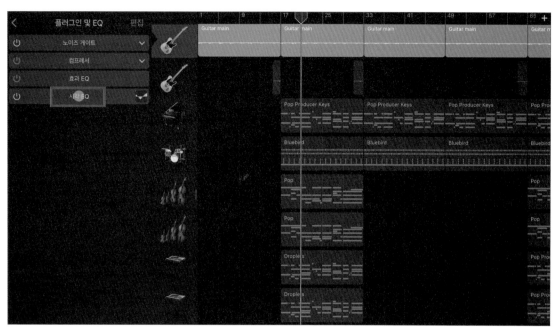

그림 3-6-46 트랙바: 플러그인 및 EQ: 시각 EQ

그러면 다음과 같은 EQ 화면이 나오게 됩니다. 베이스, 미드, 트레블 3개의 밴드로 이루어진 '3밴드 EQ'라고 하며, 이러한 EQ를 파라메트릭 EQ라고 부릅니다. 베이스에는 저음역대 Shelf, 미드는 중음역대 Bell, 트레블은 고음역대 Shelf의 곡선이 있습니다. EQ 곡선의 종류는 앞서 살펴봤습니다. 앞의 내용을 참고하여 사용해봅시다.

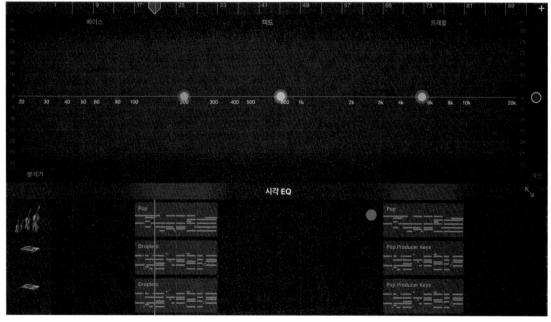

그림 3-6-47 시각 EQ 화면

참고로 필자는 기타의 고음과 저음부를 깎아서 상대적으로 중음역대로 소리를 모은 뒤에, 미드의 Bell 곡선을 사용하여 원했던 부분의 소리를 높여 강조했습니다. 그 결과 다음과 같은 곡선이 나오게 되었습니다. 하지만 이건 어디까지나 필자의 기준과 음악에 맞는 기타 소리를 위한 EQ 곡선이기에, 각자 자신의 악기의 EQ 곡선을 직접 들으면서 자신의 귀에 맞게 설정해봅시다. 또한 절대로 곡선의 모양이나 수치에 맞춰 설정하면 안 됩니다.

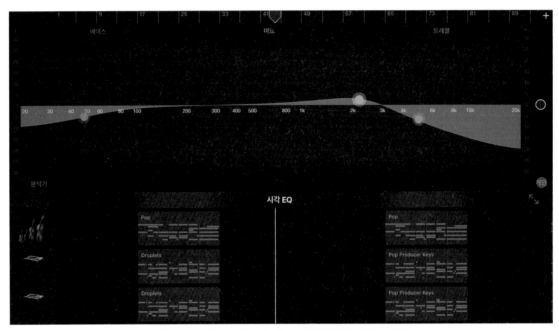

그림 3-6-48 저음, 고음을 줄이고 2kHz 부근을 살짝 부스트한 기타 EQ

완성됐다면 EQ 왼쪽의 전원 버튼을 켜고 끄면서 비교하며 들어봅시다.

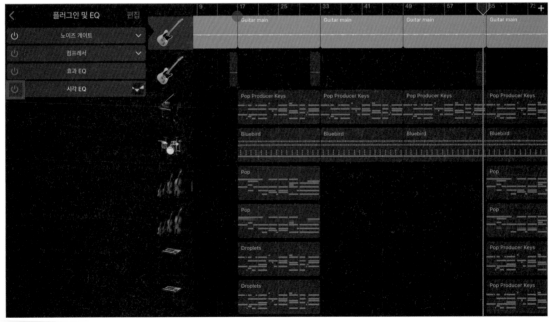

그림 3-6-49 시각 EQ 왼쪽의 전원 버튼을 켜고 끄며 비교

다음은 두 번째 메인 악기인 피아노입니다. 똑같은 방식으로 EQ 화면으로 들어갑니다. 제가 이 과정에서 Solo로 작업하는 이유는 이 음악에서 이 악기에 원하는 소리가 따로 있기 때문입니다. 그 소리에 집중하기 위해 Solo로 작업하지만, 이 과정 뒤에는 항상 다른 악기들과 함께 모니터링해야 합니다. 결국에는 모든 악기가 잘 어우러져야 좋은 음악이 나오기 때문입니다. 참고로 Solo란 해당 트랙만을 재생하는 버튼으로, 여러 트랙이 있을 때 하나의 트랙이 Solo가 된 경우에는 해당 트랙만 재생되며 다수의 트랙이 Solo가 된 경우에는 Solo가 켜져있는 트랙만 재생됩니다. 좌측 상단의 믹서창 버튼에서 헤드폰 모양 버튼을 누르면 Solo가 활성화됩니다.

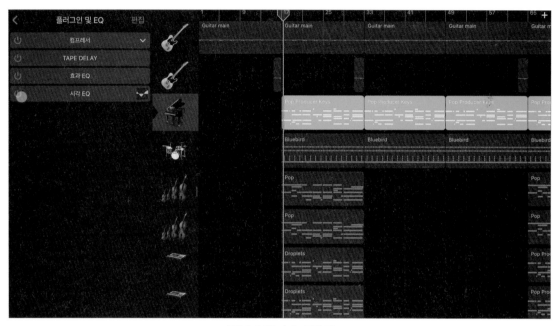

그림 3-6-50 피아노 트랙 EQ

피아노 악기의 곡선은 기타와 비슷한 듯하면서 비슷하지 않게 나왔습니다. 똑같이 중음역대를 살리고 저음역대와 고음역대 는 줄였지만 주파수대역이 다르며, 피아노의 Sweet spot은 기타보다 조금 더 고음역대로 잡았습니다.

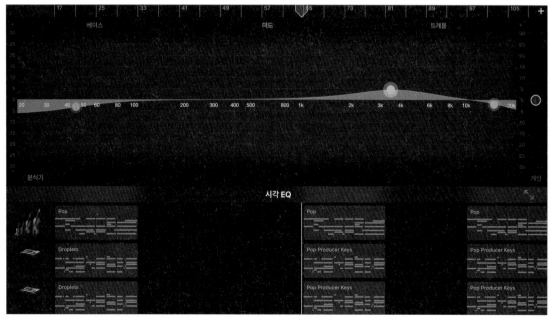

그림 3-6-51 저음, 고음역대를 줄이고 3.5kHz 부근을 살짝 부스트한 피아노 EQ

기타와 피아노를 함께 EQ를 켜고 끄며 들어봅시다. EQ를 켜고 들으면 확실히 악기의 위치들이 잡힌 것이 느껴지실 것입니다. 위치가 제대로 잡히면서 뭉개져서 들리던 소리들이 조금 더 명료하게 들리기 시작하여, 마치 해상도가 높아진 듯한 효과까지 줍니다.

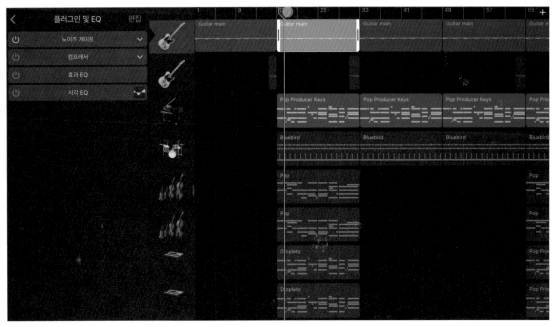

그림 3-6-52 기타와 피아노만 켜서 모니터링하기

다음은 스트링입니다. 복제해서 하나는 왼쪽, 하나는 오른쪽으로 나눴습니다. 각각 EQ를 다르게 걸어서 독특한 효과를 사용할 수 있지만, 이번에는 같은 EQ 값을 줘서 소리를 잘 감싸주도록 하겠습니다.

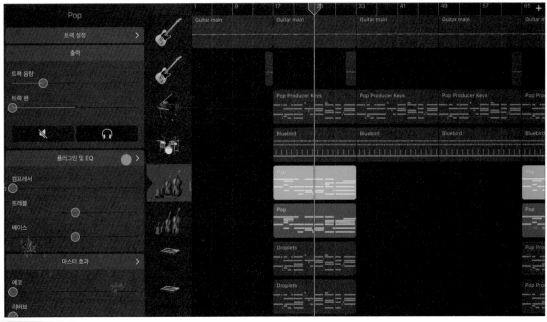

그림 3-6-53 스트링 트랙 EQ를 위해 Solo

여기서는 저음역대를 줄이고 고음역대를 높였습니다. 고음역대에서 감싸주는 듯한 느낌을 주고 싶었기 때문입니다.

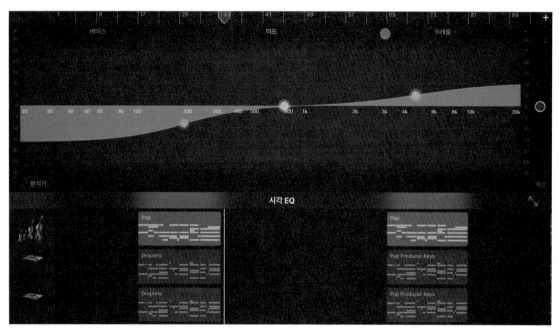

그림 3-6-54 좌, 우 동일하게 저음역대를 줄이고 고음역대를 부스트한 스트링 EQ

여기까지 왔다면, 다시 모니터링을 해봅시다.

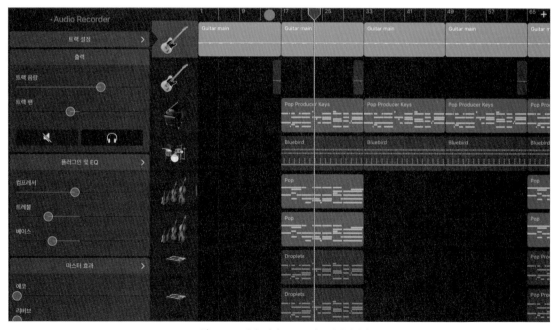

그림 3-6-55 기타, 피아노, 스트링 모니터링하기

아르페지오 악기 역시 트랙을 복제해서 좌우로 나눴습니다. 이 악기는 좌우 EQ를 다르게 해서 독특한 공간감을 부여합니다.

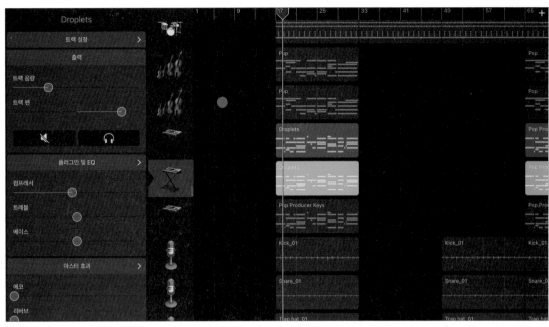

그림 3-6-56 아르페지오 악기 트랙 솔로

왼쪽은 비교적 저음역대를 살려주고, 오른쪽은 2.5kHz 대역을 살려줬습니다. 한 번 껐다가 켜서 들어보면서, 다른 악기들과 함께 모니터링합시다. 같은 EQ 값을 주는 것과는 또 다른 독특한 느낌을 줍니다.

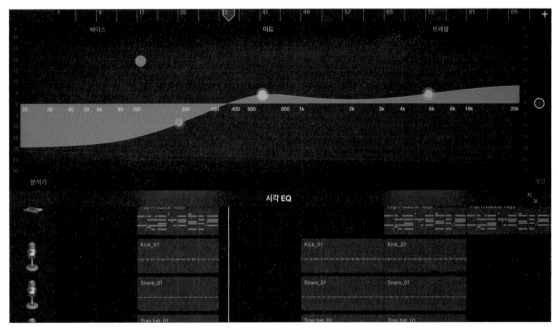

그림 3-6-57 저음역대를 줄이고 600Hz 부근과 6kHz 이상을 부스트한 아르페지오(좌) 트랙

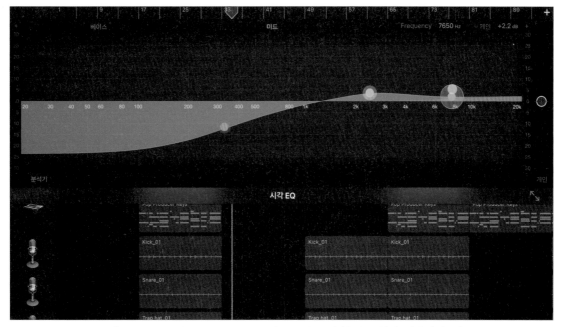

그림 3-6-58 저음역대를 줄이고 2.5kHz 부근과 7.5kHz 부근 이상을 부스트한 아르페지오(우) 트랙

추가로 넣어준 킥, 스네어, 하이헷을 조절해 봅시다.

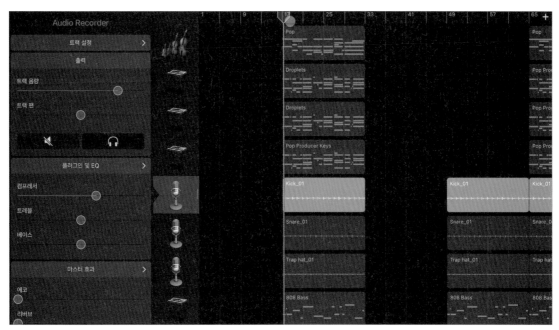

그림 3-6-59 킥 트랙 Solo

킥은 저음부를 살리고 고음역대 부분에서 타격감이 좋은 부분을 부스트했습니다.

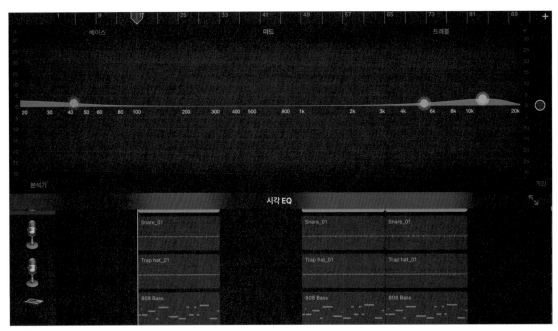

그림 3-6-60 40Hz 부근 이하와 12kHz 부근을 부스트한 킥 트랙

스네어는 저음부는 깎고 4kHz 부근의 타격감이 좋은 부분의 소리를 살렸습니다. 자신의 음악에 어울리는 소리를 직접 들어보면서 소리를 살려봅시다.

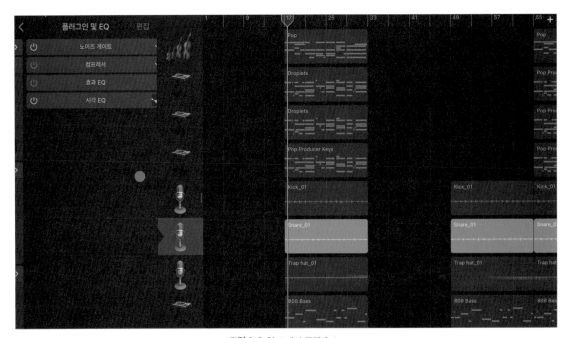

그림 3-6-61 스네어 트랙 Solo

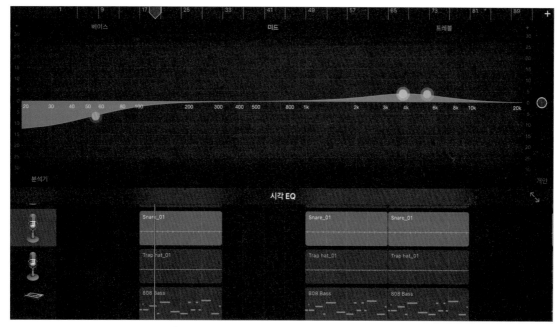

그림 3-6-62 저음역대를 줄이고 4kHz 부근을 부스트한 스네어 EQ

하이헷은 저음부를 줄이고 고음부를 살려 좀 더 통통 튀는 소리를 만들고, 위치도 조금 위쪽으로 올려줬습니다.

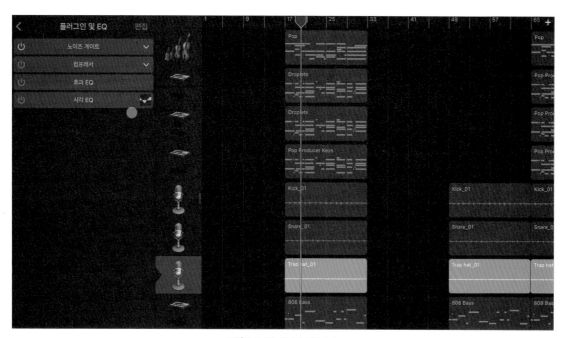

그림 3-6-63 하이헷 트랙 Solo

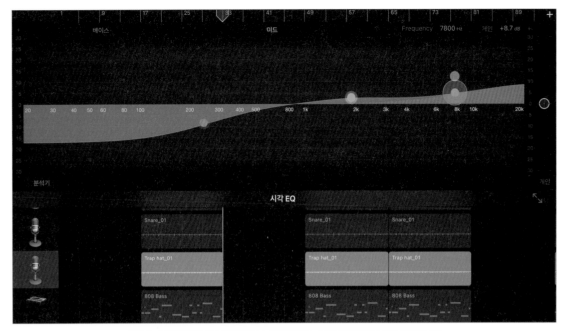

그림 3-6-64 저음역대를 줄이고 2kHz 부근과 8kHz 부근 이상을 부스트한 하이헷 EQ

여기서 '소리가 어떻게 변했는지, 자신이 원한 소리가 맞는지, 소리끼리 부딪쳐 이상한 소리가 나지는 않는지' 생각하면서 다시 한번 모니터링을 해봅시다.

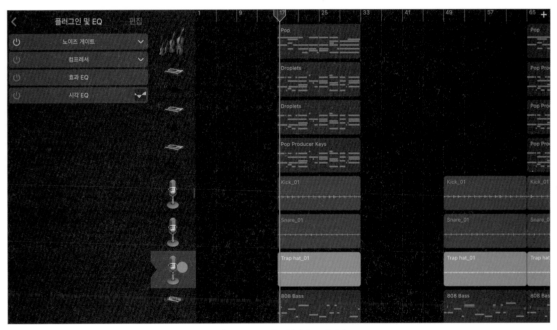

그림 3-6-65 드럼 트랙끼리 모니터링

808 베이스를 한번 조절해 봅시다. 베이스는 간단하게 고음부를 줄이고, 저음부에서 듣기 좋은 부분만 부스트해줬습니다.

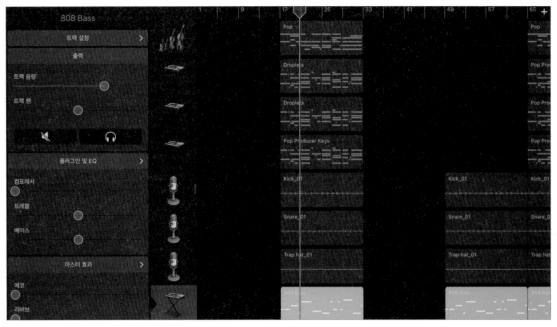

그림 3-6-66 베이스 트랙 Solo

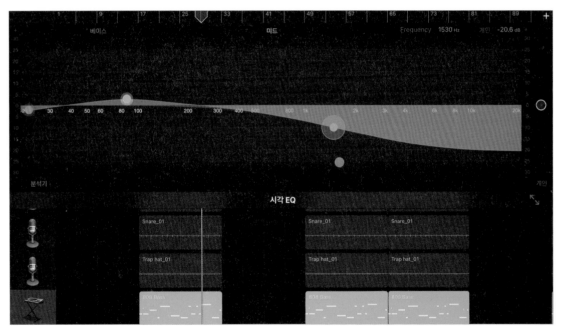

그림 3-6-67 초저음역대와 중음역대, 고음역대를 줄이고 86Hz 부근을 부스트한 베이스 EQ

마지막으로 드럼 차례입니다. 보통은 작업할 때 킥, 스네어, 하이헷, 클랩 등 각각 따로 작업하지만 이처럼 한꺼번에 녹음돼 오는 경우도 있습니다. 이때는 당황하지 말고 전체 트랙에 EQ를 걸어서 작업하면 됩니다. 각각 작업하는 것과 전체를 작업 하는 것이 크게 차이가 난다는 사람들이 많은데, 볼륨만 잘 조절되어 있다면 굳이 따로 하지 않는다고 해서 결코 소리가 안 좋다고는 할 수 없습니다. 결국 좋은 부분은 살리고 좋지 않은 부분은 줄이는 작업이기 때문입니다.

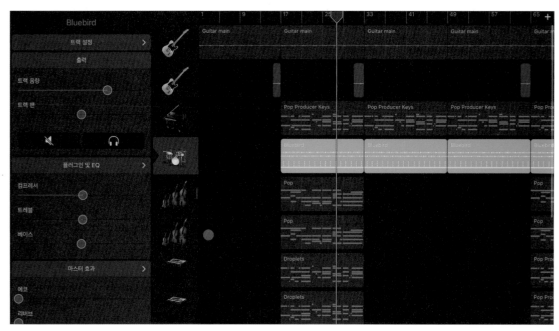

그림 3-6-68 어쿠스틱 드럼 트랙 솔로

필자는 저음부와 고음부를 살짝 올리는 '스마일 페이스'에 300Hz 부근을 살짝 줄이는 EQ로 마무리했습니다.

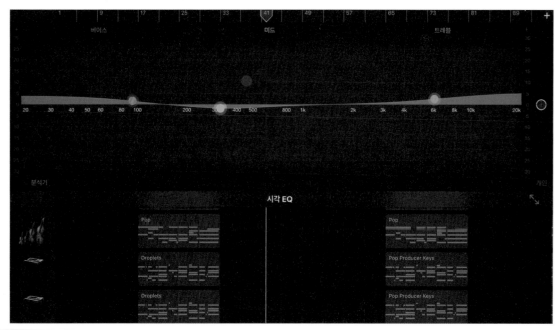

그림 3-6-69 저음역대와 고음역대를 부스트하고 300Hz 부근을 줄인 어쿠스틱 드럼 EQ

지금부터는 전체적으로 손을 다 본 다음, 악기 소리를 함께 들으며 소리가 상쇄되거나 증폭되는 부분을 찾아 해결해가는 과정입니다. 필자는 여기서 피아노 소리가 기타와 아르페지오 악기에 마스킹돼 먹먹해진 것을 느껴서 EQ를 사용하여 해결했습니다.

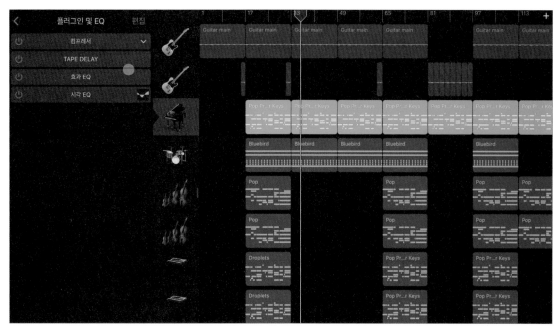

그림 3-6-70 피아노 마스킹된 소리를 해결하기 위해 EQ 손보기

3~4kHz의 피아노 소리를 부스트해서 캐릭터를 살려주고 고음역대를 좀 더 살려 강조했습니다.

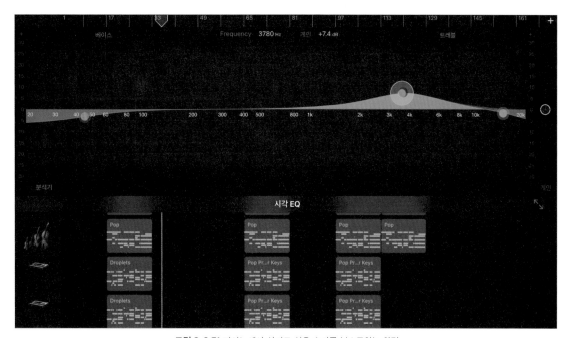

그림 3-6-71 피아노에서 살리고 싶은 소리를 부스트하는 화면

들리지 않는 부분을 그저 크게 키우는 것만으로는 해결되지 않습니다. 겹치는 소리를 해결하기 위해 기타의 EQ도 함께 조절합니다.

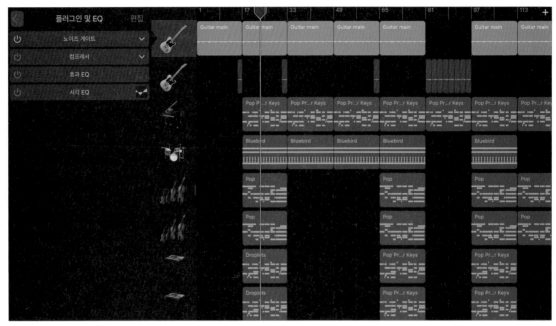

그림 3-6-72 마스킹된 소리를 살리기 위해 기타 EQ 손보기

강조하던 음역대를 조금 낮춰 위치를 밑으로 이동시키고 고음역대 컷을 조금 더 높은 음역대에서 시작해서 부드럽게 줄여줍니다. 이처럼 악기의 위치와 캐릭터 음역대를 조절하여 마스킹을 피할 수 있습니다.

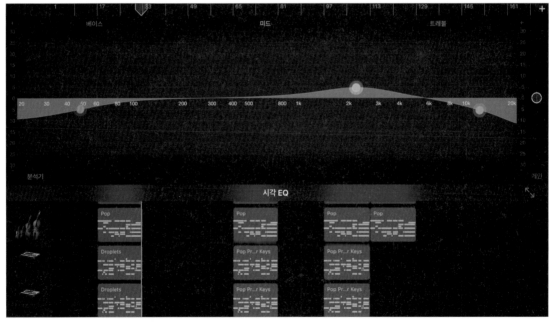

그림 3-6-73 기존보다 낮은 음역대를 살리고 고음역대를 조금 살리는 화면

마무리는 역시 모니터링입니다. 모든 EQ를 껐다 켜면서 들어보면 확실히 해상도가 전보다 좋아진 느낌이 들 것입니다. 뭉쳐서 들리던 소리들이 더 명료해지고 악기의 캐릭터들도 좀 더 살아난 것처럼 들릴 것입니다. 전체적으로 들으며 한 번 더 소리를 다듬어준 뒤에 다음으로 넘어가봅시다.

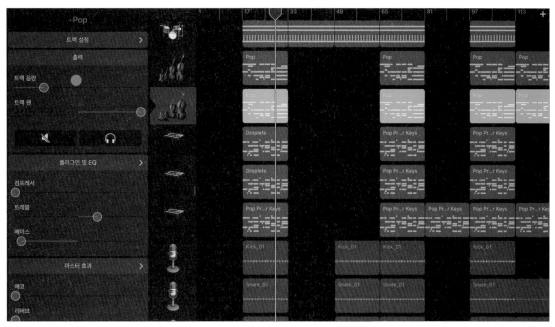

그림 3-6-74 전체 트랙 EQ 후 모니터링

■ 이펙터를 활용해 공간에 깊이감 주기

앞서 배운 많은 이펙터를 사용해 소리의 깊이감을 더하고 특색을 살리는 작업을 해보겠습니다.

믹스 비트메이킹 3

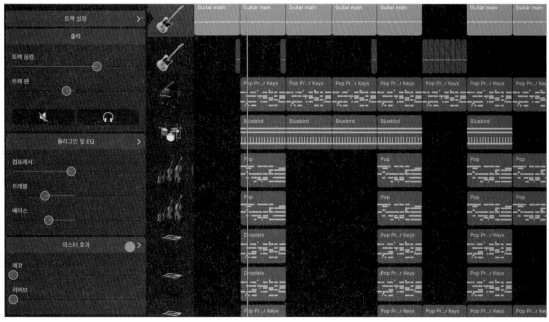

그림 3-6-75 트랙바

트랙바에서 마스터 효과로 들어갑니다.

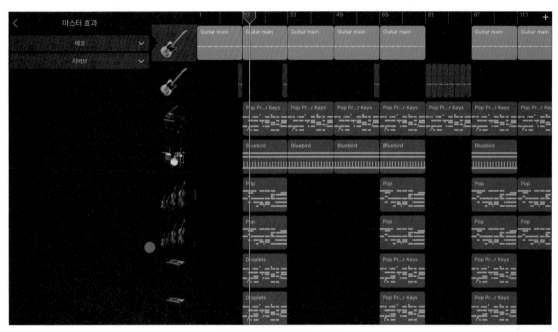

그림 3-6-76 트랙바: 마스터 효과

여기서 에코와 리버브를 사용해 깊이감을 줄 계획입니다. 우리가 앞서 공간 계열 이펙터에서 배웠던 것처럼, 에코는 딜레이를, 리버브는 말 그대로 리버브를 나타냅니다.

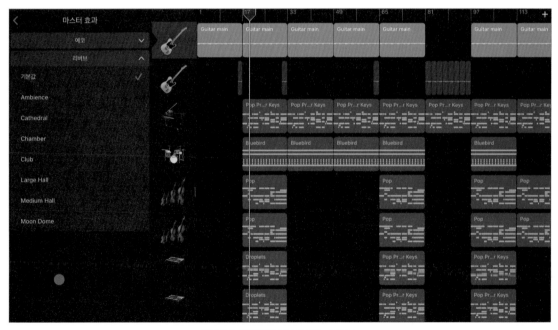

그림 3-6-77 트랙바: 마스터 효과 - 리버브

여기서는 앞서 배운 Attack이나 Size 등 리버브의 세세한 값을 만질 수는 없고, 준비돼 있는 프리셋을 정하고 Mix 값으로 리버브의 양을 조절하는 방식으로 사용할 수 있습니다(입문자에게 이 방법이 더 접근하기 쉽습니다).

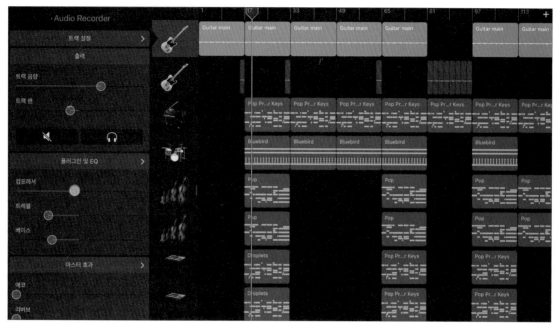

그림 3-6-78 다시 트랙바

세세한 조절을 원한다면 플러그인 및 EQ에서 리버브 악기를 추가한 뒤 조절합니다. 플러그인 및 EQ 창의 상단의 편집 버튼을 클릭합니다.

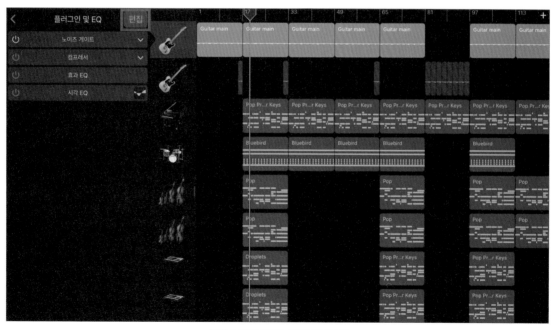

그림 3-6-79 트랙바: 플러그인 및 EQ

그러면 곧바로 다음과 같은 화면이 나옵니다. 여기서 + 버튼을 클릭합니다.

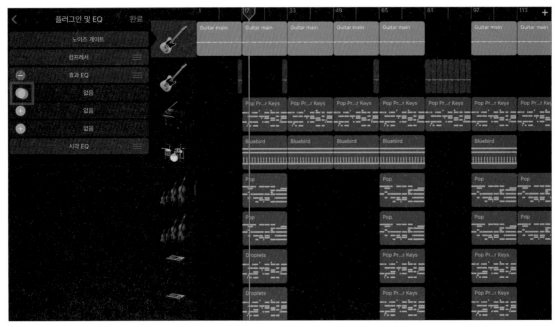

그림 3-6-80 트랙바: 플러그인 및 EQ - 편집

그러면 '효과'와 'Audio Unit 확장 프로그램' 두 개의 버전으로 플러그인을 추가할 수 있습니다. 차이가 있다면, Audio Unit 확장 프로그램은 외부 프로그램을 들고 와서 사용하는 것이고, 효과의 플러그인을 추가하는 것은 내부에서 프로그램을 불러오는 것이므로 Audio Unit 확장 프로그램이 좀 더 알아보기 쉽습니다. 따라서 평소에는 효과에 있는 플러그인을 사용하다가, 효과에 없는 이펙터들을 사용하고 싶을 때 Audio Unit 확장 프로그램을 사용하면 편리합니다.

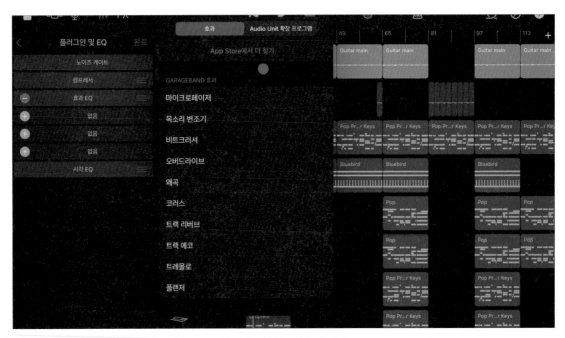

그림 3-6-81 플러그인 및 EQ: 효과

그림 3-6-82 플러그인 및 EQ: Audio Unit 확장 프로그램

추가했던 플러그인을 삭제하는 방법은 추가할 때와 동일합니다. 상단의 편집 버튼을 누른 후에 삭제할 플러그인의 왼쪽에 있는 - 버튼을 누르면 오른쪽에 삭제 버튼이 생깁니다. 이때 삭제 버튼을 누르면 플러그인이 트랙에서 삭제됩니다. 그냥 플러그인이 있는 것과 없는 것의 소리를 비교하고 싶을 땐 왼쪽의 플러그인 전원 버튼을 껐다 켜서 비교하면 됩니다.

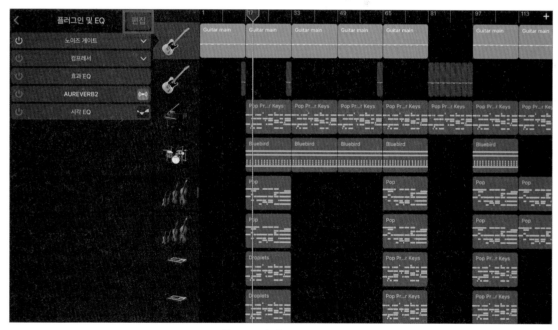

그림 3-6-83 추가된 플러그인 삭제 1

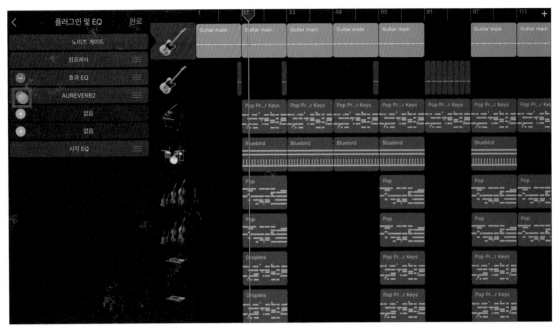

그림 3-6-84 추가된 플러그인 삭제 2

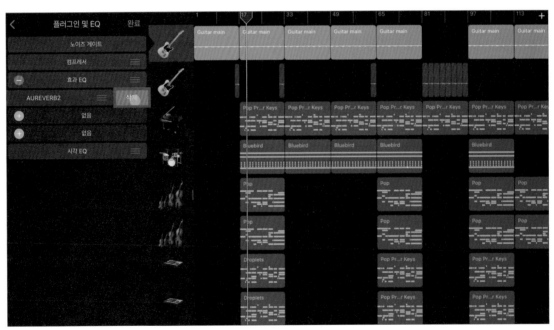

그림 3-6-85 추가된 플러그인 삭제 3

다시 믹싱으로 돌아와서 리버브의 프리셋을 설정합시다. 여기서 필자는 기본값을 유지하겠습니다. 유의할 점은 마스터 효과에서의 플러그인 프리셋은 모든 트랙에서 동일하게 적용된다는 것입니다. 즉 기타의 마스터 효과 프리셋을 기본값으로 설정하면, 피아노, 스트링 등 같은 프로젝트 속 다른 악기의 마스터 효과 프리셋도 기본값으로 설정됩니다.

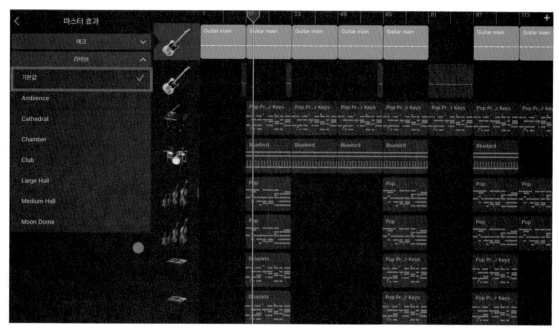

그림 3-6-86 마스터 효과: 리버브 기본값

프리셋을 선택한 뒤 트랙바 하단의 리버브값으로 조절합니다.

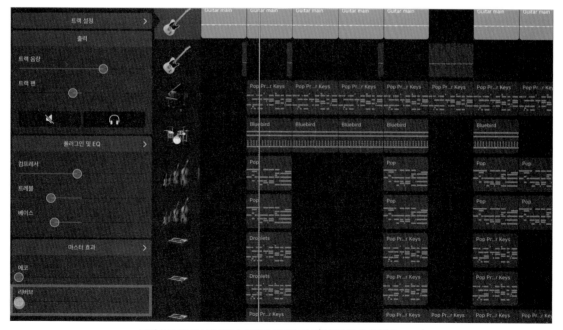

그림 3-6-87 마스터 효과 프리셋을 설정한 뒤 왼쪽 하단의 리버브값으로 조절

리버브가 많아지면 소리가 뒤로 가거나 공간의 크기가 커지는 느낌이 듭니다. 메인으로 사용한 기타 악기는 앞쪽으로 나오되, 다른 악기들과 같은 공간에 있다는 느낌을 주기 위해 리버브를 조금만 사용했습니다.

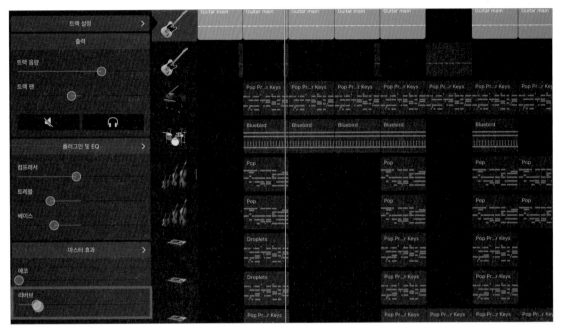

그림 3-6-88 리버브값 조절

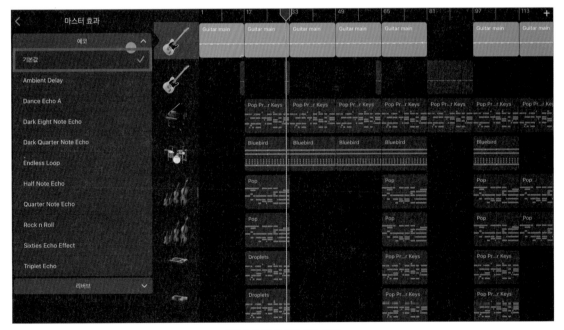

그림 3-6-89 마스터 효과: 에코

리버브를 넣었으니 이번엔 에코(딜레이)도 넣어봅시다. 여기서 필자는 Dark Eight Note Echo를 사용했는데, 저음역대를 살려서 소리가 앞에 있는 것처럼 느껴지고 8분음표마다 소리가 울리게 해주는 프리셋입니다. 처음에 감이 잘 안 올 때는 하나하나 들어보면서 잘 어울린다고 생각되는 프리셋을 사용하면 됩니다.

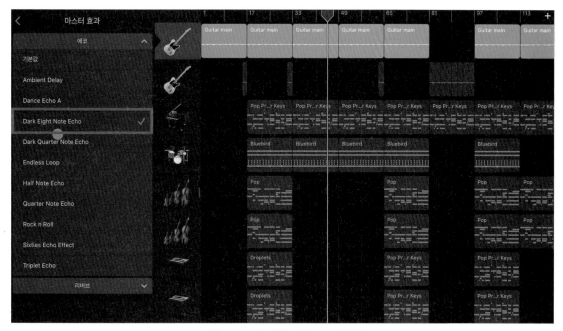

그림 3-6-90 마스터 효과: 에코 프리셋 설정

리버브와 마찬가지로 트랙바에서 에코값을 설정합니다.

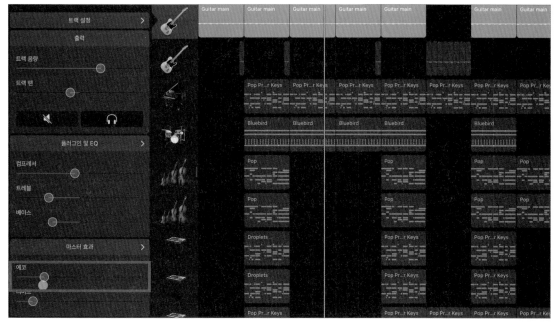

그림 3-6-91 에코값 조절

기타 리버스가 몽환적 느낌을 주도록 리버브와 에코값을 많이 주었습니다.

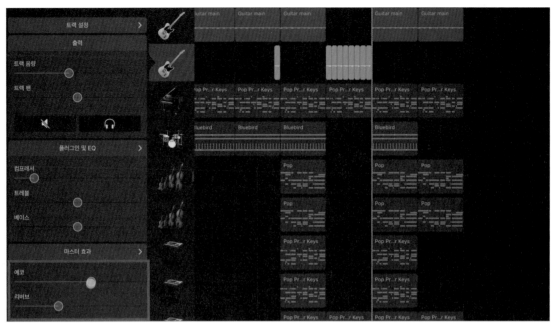

그림 3-6-92 기타 리버스 딜레이와 리버브값 조절

피아노 역시 두 번째 메인 악기로 사용했기 때문에, 선명하게 들리고 통일감을 주도록 에코와 리버브값을 조금만 주었습니다.

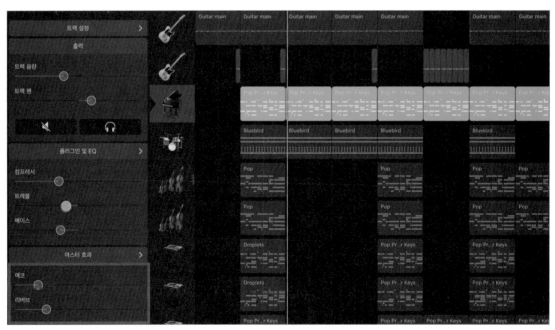

그림 3-6-93 피아노 딜레이와 리버브값 조절

스트링 악기는 많은 딜레이를 줘서 깊은 공간감을 만든 다음, 저음부를 강조한 에코를 통일감을 주기 위해 조금만 넣었습니다.

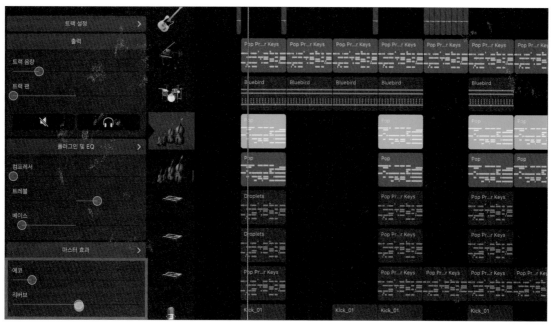

그림 3-6-94 스트링 딜레이와 리버브값 조절

아르페지오 악기는 EQ 값도 왼쪽과 오른쪽을 다르게 줬듯이 딜레이와 리버브 역시 다르게 넣었습니다.

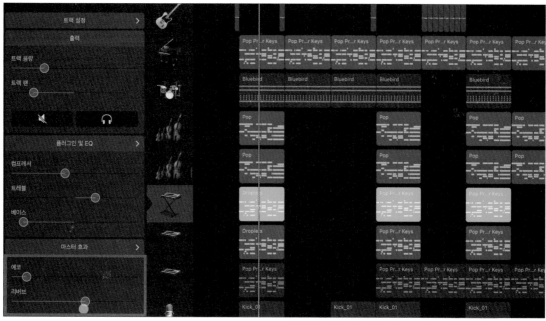

그림 3-6-95 아르페지오 악기(좌) 딜레이와 리버브값 조절

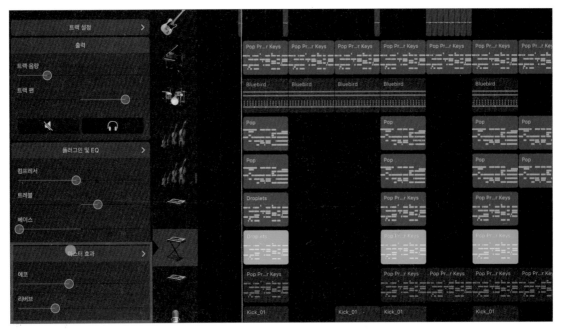

그림 3-6-96 아르페지오 악기(우) 딜레이와 리버브값 조절

피아노를 보조하듯 사용했던 악기라 딜레이와 리버브를 조금 과하게 넣어 깊이감을 부여했습니다.

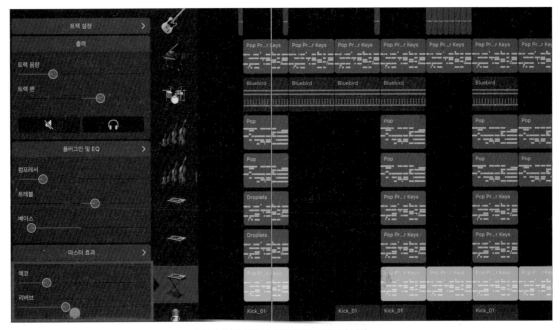

그림 3-6-97 플럭 악기 딜레이와 리버브값 조절

이제까지는 마스터 효과에서 리버브와 딜레이를 넣어 깊이감을 만들었다면, 지금부터는 악기에 다른 플러그인들을 추가해 색다른 캐릭터를 만들어보겠습니다. 우선 첫 번째로, 피아노에 코러스 악기를 추가해 배음이 더 풍부한 느낌의 소리를 만듭니다.

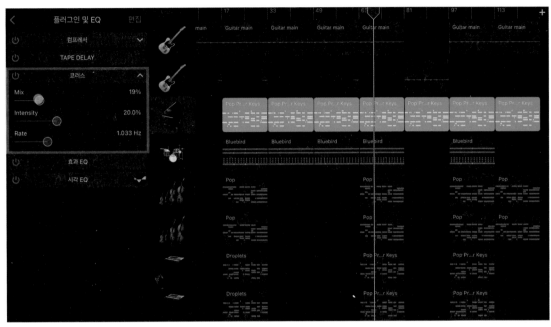

그림 3-6-98 피아노 코러스 플러그인 추가

기타에 플랜저 플러그인을 추가해 위상을 넓혔습니다. 과하게 사용된 소리보다는 깔끔한 기타 사운드가 어울려서 Mix를 아주 낮게 설정했습니다.

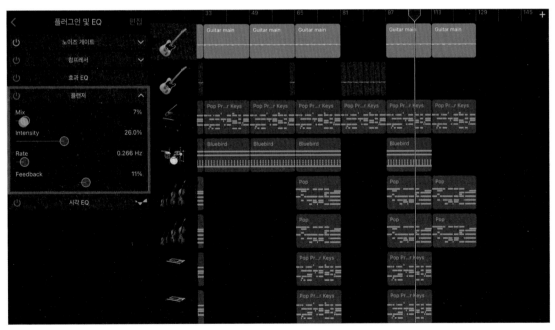

그림 3-6-99 기타 플랜저 플러그인 추가

베이스에 존재감을 더하고 뭉툭했던 사운드를 강렬하게 만들기 위해 오버드라이브를 사용했습니다. 이 역시 과하지 않게 존재감만 살리는 정도로 사용했습니다.

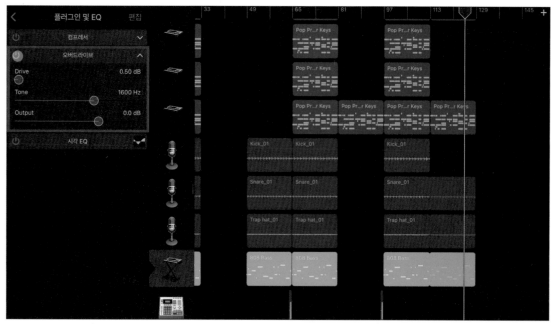

그림 3-6-100 베이스 오버드라이브 플러그인 추가

조금 심심하게 들렸던 어쿠스틱 드럼에 오버드라이브 플러그인을 추가해 색깔을 추가했습니다. 잘 들어보면 고음역대가 환하게 살아나면서 그루브도 살아나는 느낌이 들 것입니다. 이 음악은 부드럽게 흘러가는 음악이기 때문에 과하지 않게 추가합니다.

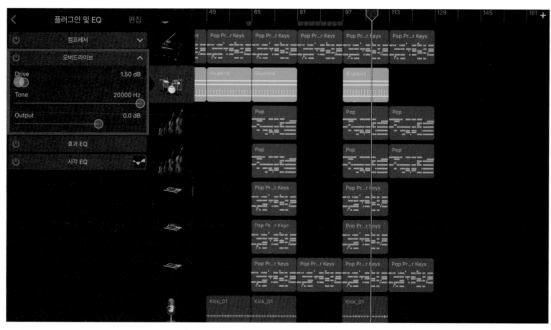

그림 3-6-101 어쿠스틱 드럼 오버드라이브 플러그인 추가

이로써 간단하게 믹싱까지 마무리했습니다.

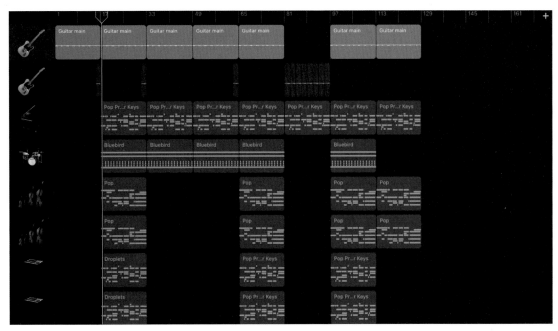

그림 3-6-102 믹싱까지 간단하게 마무리한 프로젝트

좀 더 조절할 부분이 많지만, 음악을 다듬고 악기가 서로 어우러져 가는 과정을 여러분이 직접 조정하실 수 있도록 최대한 단순하고 효과적으로 믹싱했습니다. 사실 여기서도 가장 강조되는 부분은 바로 '듣는 감각'입니다. 모든 악기와 이펙터를 잘 이해하더라도 듣는 감각이 좋아야 어디가 잘못됐는지, 어디를 어떻게 고쳐야 하는지를 쉽게 파악할 수 있습니다. 이 책과 함께 몇 번이고 반복해보면서 감각을 키워봅시다.

6-4 파일 형식 및 파일 내보내기

현재 사용되는 대표적인 음악 파일 포맷에 대해 알아본 뒤 개러지밴드에서 파일을 내보내는 방법을 알아봅시다.

■ 대표적인 음악 파일 포맷

1. WAV: 사운드 프로그램에서 대부분 사용하는 포맷으로, 파일 용량은 크지만 데이터 손실이 없어 음질이 뛰어납니다.

2. AIFF: WAV 파일의 애플 버전으로 생각하면 됩니다. 똑같이 용량은 크지만 데이터 손실이 없어 음질이 뛰어납니다.

3. MP3: 일반인에게 가장 익숙한 파일 포맷입니다. WAV 파일에 비하면 용량이 훨씬 작으며, 대신 데이터 손실이 있어 음질은 약간 떨어지는 편입니다. 그렇지만 일반적으로 듣기에는 전혀 문제가 없습니다.

4. WMA: Windows Media Audio를 뜻하는 확장자명으로, 마이크로소프트에서 개발한 오디오 포맷입니다. MP3와 음질은 비슷하고 크기는 1/2이며, 윈도우 미디어 플레이어에서 재생할 수 있습니다.

5. AAC: 흔히 애플에서 사용하는 MP3 파일이라고 생각하면 이해하기 편합니다. MP3 파일에 비해 음질이 더 좋고 압축률은 더 낮습니다.

■ 파일 내보내기

그림 3-6-103 초기 화면에서 내보내기 할 트랙 선택

파일을 내보내는 방법은 간단합니다. 프로젝트를 생성, 선택할 수 있는 초기 화면으로 갑니다.

내보내기 할 프로젝트를 꾹 누르면 다음과 같은 창이 뜹니다. 여기서 공유 버튼을 누릅니다.

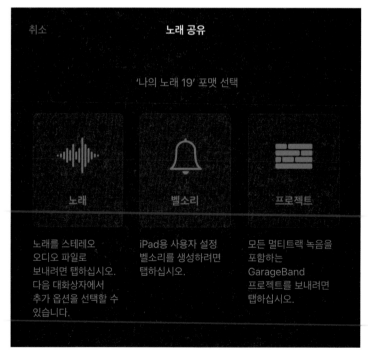

그림 3-6-104 노래 공유 창

공유 버튼을 누르면 다음과 같은 창이 뜹니다.

다음과 같이 총 3개의 방법으로 내보내기를 할 수 있습니다. 각각의 내보내기 방법들에 대한 설명도 알아봅시다.

■ 오디오 파일로 내보내기

개러지밴드에서는 4가지 포맷으로 음악을 내보낼 수 있습니다.

그림 3-6-105 노래 공유

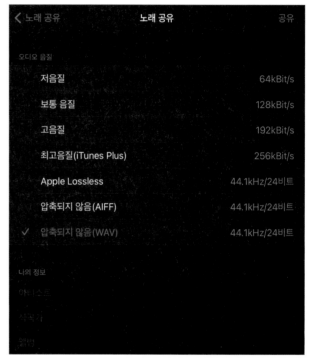

그림 3-6-106 노래 공유 WAV 및 AIFF 선택 시 보이는 화면

- **저음질**: 64비트의 음질을 가진 AAC 파일로 저장됩니다.

- **보통 음질**: 128비트의 음질을 가진 AAC 파일로 저장됩니다.

- **고음질**: 192비트의 음질을 가진 AAC 파일로 저장됩니다.

- **최고음질**: 256비트의 음질을 가진 AAC 파일로 저장됩니다.

- **Apple Lossless(=ALAC)**: 애플에서 개발한 무손실 압축 음원이며, m4a 확장자명을 사용합니다. 개러지밴드에서는 44.1kHz/24 비트로 고정되어 있습니다.

- **AIFF**: 압축하지 않은 파일로, iOS로 작업하는 사람들과 협업할 때 편합니다. 개러지밴드에서는 44.1kHz/24비트로 고정되어 있습니다.

- **WAV**: 압축하지 않은 파일로, OS와 상관없이 다른 사람과 작업할 때 편하게 사용할 수 있습니다. 개러지밴드에서는 44.1kHz/24비트로 고정되어 있습니다.

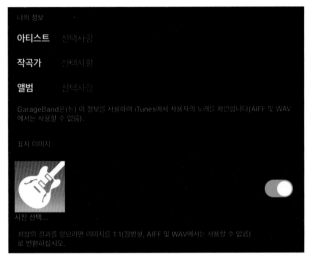

그림 3-6-107 그 외 선택 시 정보 입력 화면

- AIFF / WAV 파일을 제외한 나머지 포맷으로, 저장 시 아티스트, 작곡가, 앨범 정보와 앨범 아트워크를 입력할 수 있습니다. 다른 사람들이 파일을 받을 때는 이 정보들이 입력된 파일을 공유하게 됩니다.

■ 벨소리로 지정하기

자신이 만든 음악을 바로 내 기기의 벨소리로 지정할 수 있습니다.

그림 3-6-108 노래 벨소리로 지정하는 법

■ 프로젝트 파일로 내보내기

프로젝트 파일을 내보내는 기능입니다. 주로 다른 아티스트들과 협업하거나 믹싱 및 마스터링을 맡길 때 사용하는 기능입니다. 개러지밴드 혹은 로직으로 이 프로젝트 파일을 불러올 때 똑같이 수정할 수 있지만, 그 외의 작곡 프로그램에서 사용할 때는 오디오 파일로 만들어 보내야 한다는 수고로움이 있습니다.

'콘솔'이라는 말을 들어보았을 것입니다. '믹서'라는 이름으로 불리기도 합니다. 녹음실 같은 곳을 보면 대형 아날로그 콘솔을 보유하고 있습니다. 우리가 사용하는 녹음 프로그램에서도 콘솔과 비슷한 창을 볼 수 있습니다. 처음 접하는 분들을 위해 하나하나 꼼꼼하게 살펴보겠습니다.

그림 3-6-109 Protools Channel strip

하나하나의 트랙이 Channel strip이라고 생각하면 됩니다. 소리 혹은 신호가 위에서 아래로 흐릅니다.

1. **인서트**: 말 그대로 Channel strip에 악기를 인서트하는 것입니다. 악기 트랙이라면 악기를 추가해 사용할 수 있고, 각종 이펙터 역시 여기에 인서트해 사용할 수 있습니다.

2. **샌드**: 소리를 보내는 것입니다. 해당 Channel strip의 소리를 Aux 채널, 다른 Bus 등으로 보낼 수 있습니다. 더 자세한 사용법은 잠시 후에 알아봅시다.

3. **I/O**: 소리/신호의 입력과 출력을 설정합니다. 녹음을 하는 것이라면 Input에 해당 악기의 경로를 설정하면 됩니다. Output 역시 다른 Aux 트랙으로 보내 한꺼번에 조절하는 방법도 있습니다. 이것 역시 잠시 후에 심도 있게 알아봅시다.

4. **오토**: 오토메이션을 설정합니다.

5. **팬**: 소리의 좌우를 설정합니다. 현재 해당 Channel strip은 Mono 트랙이라 하나밖에 없지만 Stereo 트랙에는 두 개가 존재합니다.

6. **Solo / Mute**: 해당 트랙을 Solo 혹은 Mute시킬 수 있습니다.

7. **Fader**: 해당 Channel strip의 소리를 조절합니다. Pre Fader와 Post Fader 두 가지가 있습니다. 쉽게 말해 Pre (Aux 출력) Fader, Post (Aux 출력) Fader로 기억하면 됩니다.

  - **Pre Fader**: Aux 출력이 Fader보다 더 앞에 있는 것을 뜻합니다. Aux 채널로 보내는 신호가 해당 Channel strip의 영향을 받지 않게 하기 위해 사용합니다. 공연장에서 모니터링 신호를 보낼 때 주로 Pre Fader를 사용합니다. 공연장의 소리 밸런스를 조절하기 위해 부득이하게 Fader를 건드려야 하는데, 이 경우 Post Fader로 돼 있다면 연주자의 모니터 신호까지 건드리게 됩니다. 그러므로 Pre Fader를 사용해 Aux로 나가는 신호는 제외하고 공연장의 소리를 조절하면 됩니다.

  - **Post Fader**: 평소에 설정돼 있는 Fader입니다. 맨 마지막 부분에서 소리를 조절하는 것이니 평상시대로 사용하면 됩니다.

이펙터(인서트-샌드)의 차이 알아보기

그림 3-6-110 인서트에 이펙터를 넣었을 때 시그널 플로

- **인서트**: 인서트에 넣어서 이펙터를 사용하는 경우에 어떤 특징이 있을까요? 말 그대로 신호 회로 사이에 해당 이펙터의 회로를 추가하는 개념이라고 생각하면 편합니다. 즉, 소리 자체를 건드리는 것입니다. 인서트에 EQ를 사용해 듣기 싫은 부분의 소리를 줄이고 좋은 부분의 소리를 크게 한다면, Channel strip 소리 자체가 EQ를 거친 소리로 바뀝니다. 물론 해당 이펙터를 끄고 켜고 삭제할 수도 있습니다. 이처럼 소리 자체의 변화를 원해서 사용한다면 인서트에 이펙터를 걸어 사용하면 됩니다.

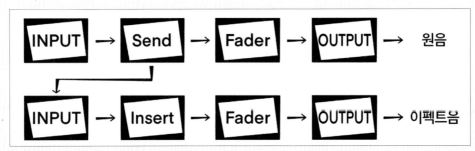

그림 3-6-111 Aux 트랙으로 샌드해서 사용할 때 시그널 플로

- **샌드**: 앞에서 소리를 다른 곳으로 보낸다고 언급했습니다. 먼저 샌드를 설명하기 전에 Aux에 대해 알려드리겠습니다. Aux는 Auxiliary의 약자로, 말 그대로 보조 트랙입니다. 흔히 사용하는 방법으로 알아보겠습니다. Reverb는 공간감을 만드는 이펙터입니다. 그러므로 한 음악에서 통일된 공간감을 표현하려면 비슷한 공간에 있어야 합니다. 피아노와 스트링에 같은 공간감을 주기 위해 똑같은 리버브를 건다고 할 때, '각자의 인서트에 걸면 되는 거 아냐?' 하고 생각할 수도 있습니다. 사실 맞습니다. 하

지만 Reverb는 CPU를 많이 소모합니다. 따라서 모든 트랙에 전부 인서트로 걸어 사용한다면 컴퓨터에 과부하가 걸리게 될 것입니다. 이 경우에는 피아노와 스트링의 Channel strip에서 샌드로 Aux 채널로 보냅니다. Aux 채널의 인서트에 Reverb를 하나 걸어주는 것입니다. 또한 샌드로 보낼 경우에는 신호를 보내는 양을 조절할 수 있습니다. 신호를 보내는 양을 조절하면서 Reverb가 많이 걸리느냐 적게 걸리느냐를 조절할 수 있습니다. 대표적으로 Reverb를 예로 들었지만 더 많은 사용법이 있으니, 심도 있게 공부하거나 자신만의 기발한 아이디어로 독특한 사용법을 찾아봅시다.

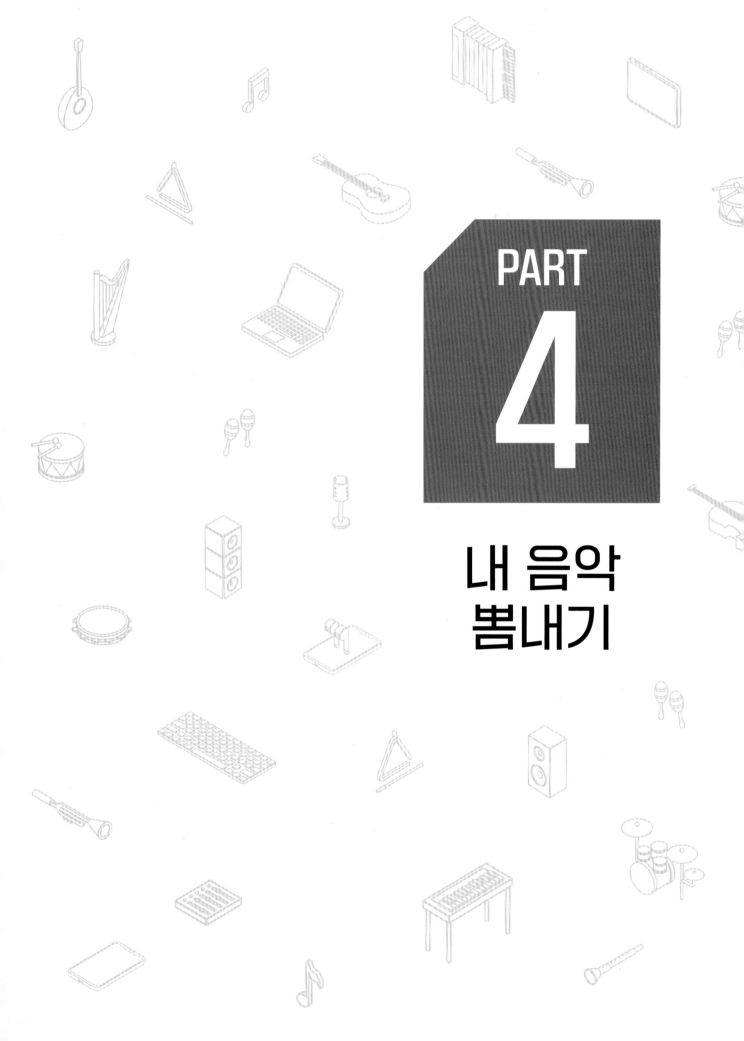

PART

4

내 음악
뽐내기

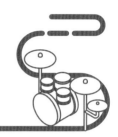

Chapter 7

1인 음반 제작자의
음원 발매 과정 살펴보기

7-1 음원 유통 준비

예전과 달리 음원 유통의 장벽이 크게 낮아졌습니다. 이제는 누구나 간단한 유통 플랫폼을 통해 음원을 유통할 수 있게 됐습니다. 지금까지 각자 자신의 음악을 만들어봤으니 유통에 대해서도 알아봅시다.

1. **Beatstars**: 현재 가장 유명하고 이용자수가 가장 많은 비트(혹은 음원) 유통 플랫폼입니다. 무료로 사용할 때는 판매 수수료, 업로드 곡 수에 제한이 있지만, 유료 구독을 하면 한 달에 약 2~3만 원에 무제한으로 곡을 업로드하고 판매 수수료도 없기 때문에 자신의 비트를 판매해보고 싶은 분은 사용해보시기를 추천합니다. 비트 판매나 사이트 꾸미기, 판매 노하우, 비트 피드백 등 다양한 웹 세미나도 무료로 제공하므로, 잘 활용한다면 판매나 비트 실력 향상에도 유익할 것입니다. 단점은 한글 번역이 없어 이용이 불편하다는 것 정도입니다.

2. **Airbit**: Beatstars와 양대산맥으로 잘나가는 비트(음원) 유통 플랫폼입니다. 음원 유통에 관해서는 Beatstars와 크게 다르지 않으므로 설명은 생략합니다.

3. **J1beatz**: 앞의 유통사들과 달리 국내에서 만든 플랫폼으로, 설명이 모두 한글로 돼 있다는 것이 장점입니다. 단점은 앞의 유통사들에 비해 이용자 수가 현저히 적다는 것입니다. 아무래도 전 세계를 대상으로 하는 플랫폼과 비교하다 보니 어쩔 수 없는 부분입니다.

4. **Soundcloud**: 이 책에 관심이 있을 정도로 음악을 좋아하는 분이라면 이미 알고 있을 법한 음악 플랫폼입니다. 누구나 음악을 만들어 올리고 플레이리스트를 만들고, 마음에 드는 작업자와 메시지를 통해 협업도 할 수 있는 훌륭한 사이트입니다. 특히 힙합 음악을 하는 분들이 많이 사용하는데, 유명한 힙합 아티스트도 자주 사용하고, 새로운 아티스트들과 협업할 때도 이용한다고 합니다. 이 책에서 배운 내용으로 만든 음악을 지인들에게 들려주고 싶다면 아마도 이 플랫폼이 제격일 것입니다.

5. **그 외 각종 유통사**: 우리나라에서 인디, 힙합 음악의 유통으로 유명한 루미넌트를 예로 들어 설명하겠습니다. 기획사가 없는 아티스트들이 유통할 때는 이 유통사를 통해 음악 유통을 시작합니다. 유통에 필요한 자료와 음악 파일, 유통기일을 정한 뒤 파일을 지정한 날짜까지 넘겨주면 우리의 할 일은 끝납니다. 그 다음에는 광고를 어떻게 해야 할지 궁리만 하면 되기 때문입니다. 사실 이 유통사를 통해 유통하는 것과 기획사를 통해 유통하는 것의 차이는 광고를 얼마만큼 해주느냐의 차이입니다. 가령 앨범 관련 기사를 내준다거나, 멜론 지니 등 사이트에서 일정한 위치에 며칠간 게재한다거나 하는 광고 방법이 수없이 많기 때문입니다. 요즘은 음악도 물론 중요하지만, 좋은 음악을 기본으로 좋은 마케팅 전략이 수반돼야 더 많은 사람들이 듣게 될 것입니다.

유통에 필요한 준비물은 유통사에 따라 다를 수 있지만, 우선 공통적으로는 아트워크, 44,100kHz-16bit MP3 파일과 48,000kHz-24bit WAV 파일, 앨범 정보와 소개가 필요합니다. 참고로 제가 비트 사이트에 비트를 올릴 때는 BPM과 KEY, 곡의 분위기, 장르까지 적어 올립니다. 그 외 자세한 설명이 필요할 경우에는 추가하면 됩니다.

7-2 음원 발매 과정 및 발매

음원을 발매하는 방법에 대해 알아봅시다. 음원 발매는 혼자만의 힘으로는 할 수 없습니다. 애초에 음원 발매 플랫폼에서 일반인이 개인적으로 유통을 맡길 수가 없기 때문입니다. 따라서 우리는 유통사를 무조건 거쳐야 합니다(소속사가 있는 경우는 제외).

녹음까지 완료된 노래는 '음원 유통사'를 거쳐 플랫폼에 등록되고 이후 음원 발매가 이루어집니다. 이 과정에 있어 우리가 해야 하는 것은 그저 노래를 만들고, 유통사에서 요청하는 자료를 만들어 유통사로 넘기는 것입니다. 유통사와 플랫폼 사이의 일은 우리의 역할이 아니기 때문입니다. 유통사에서 요구하는 공통적인 자료는 앨범 유형, 뮤지션 이름, 뮤지션 소개, 장르, 희망 발매 일정, 발매 음원 파일 정도입니다. 유통사마다 필요로 하는 자료들이 더 있을 수 있으니, 유통사의 안내에 따라 자료를 준비하면 됩니다.

그러면 어떤 유통사를 통하는 게 좋을까요? 유통사마다 유통 시 음원에 대한 인터넷 기사를 발행하거나 믹싱 마스터링을 제공하는 등 혜택과 수수료가 다르고, 음원을 유통하는 플랫폼 또한 다릅니다. 예를 들어 멜론, 벅스, 지니, Tidal, Spotify 등 수많은 플랫폼이 있으나 '내가 만든 노래는 한국 사람을 타깃으로 한 곡이야'라고 생각한다면 한국 음악 플랫폼이 많은 곳으로, 외국 사람이 타깃이라면 Tidal, Spotify 등 외국 사람들이 사용하는 플랫폼이 많은 곳으로 유통사를 정하는 것이 유리합니다. 또한 요즘에는 인터넷으로 간단하게 음원 유통을 접수해주는 사이트들도 점차 늘어나고 있으니, 잘 알아본 뒤 자신에게 잘 맞는 유통사를 찾아서 발매하는 것이 좋습니다.

■ 음원 유통사 고르기

음원 유통사를 구체적으로 어떻게 골라야 하는지 좀 더 상세하게 알아보겠습니다. 노래가 완성되었다는 전제하에 음원 유통사에 컨택하는 법을 알아봅시다. 음원 유통사를 거치는 방법과 사이트를 거치는 방법 두 가지로 알아보겠습니다.

● 음원 유통사

그림 4-7-1 멜론에 발매된 음원의 앨범 소개 창

간단한 검색으로 음원을 유통하고 있는 수많은 유통사들을 찾을 수 있습니다. 그중에는 대형 기획사들도 포함되어 있습니다. 물론 운이 좋게도 대형 기획사의 선택을 받게 된다면 엄청난 지지를 받으며 유통부터 마케팅, 추후 아티스트 계약까지

도 받을 수 있겠지만 안타깝게도 그러할 확률은 매우 적습니다. 그렇기 때문에 우리는 아마추어 아티스트들을 위한 유통사들(대표적으로는 루미넌트가 있습니다)을 통해 음원을 유통하는 방법을 알아보겠습니다.

음원 등록을 위해서 우선 준비를 해야 하는 것들을 알아봅시다. 각 유통사마다 더 요구하는 사항들이 있긴 하지만 공통적으로 음원 등록, 앨범 커버, 앨범 이름, 앨범 장르, 앨범 유형, 기획사, 앨범 소개, 아티스트, 작사가, 작곡가, 편곡가, 가사, 장르, 트랙 파일, 비트 창작 여부, 성인 여부, 하이라이트 구간, 뮤직 비디오 등을 요구합니다. 요구사항들을 보낸 뒤 유통사에서 과연 이 음악이 우리 유통사와 어울리는지, 어느 정도의 기준에 부합하는지 등을 검토합니다. 검토 후 유통 결정이 난다면 서로 필요한 부분에 대해 이야기하고(마케팅이나 금액적인 부분은 이때 이야기하게 될 겁니다), 날짜를 잡은 뒤 발매까지 이뤄지게 됩니다.

● 해외 음원 유통 사이트

그림 4-7-2 유통 사이트를 거쳐 발매한 음원

다음은 해외 사이트를 통해 유통하는 법을 알아봅시다. 우선 앞서 유통사를 거치는 방법과 비교해볼 때, 영어만 익숙하다면 보다 쉽고 빠르고 간편하게 음원을 유통할 수 있다는 장점이 있습니다. 국내 음악 플랫폼 유통까지 지원되는 사이트는 많지 않지만, Spotify, Tidal 등 해외의 많은 플랫폼은 모두 포함하고 있습니다. 멜론, 지니 등 국내 플랫폼 유통을 원치 않거나 필요 없으신 분들께 적합한 방법입니다. 게다가 이러한 해외 유통 사이트들은 최근 월 구독제로 운영을 하고 있어 처음 시도하기에 비교적 싼 가격에 접근할 수 있습니다.

음원 등록을 위해 필요한 준비 내용은 위 음원 유통사 때와 비슷합니다. 마케팅 부분에서는 구글 애드나 인스타그램, 페이스북과 같이 가격대, 광고 기간을 설정해서 해당 음악을 노출시켜주는 시스템도 있어 정해진 예산 내에 마케팅까지 관리하기 좋습니다. 이렇게 발매 요청이 되면 평균 2주 이내에 사이트와 계약된 플랫폼들에서 우리 음악을 찾을 수 있을 것입니다 (각 플랫폼마다 검토 기간이 달라 발매일이 각각 다를 수 있습니다).

자, 유통을 거쳐 내 노래의 음원 수익이 발생된다고 가정합시다. 그렇다면 음원 수익(저작권료를 제외한 음원의 수익)이 들어오면 끝일까요? 아닙니다. 음원 수익과 저작권료는 따로 발생합니다. 유통에 의한 음원 수익은 플랫폼과 유통사를 거쳐 여러분에게 가지만, 저작권료는 저작권자로 등록되어 있지 않다면 받을 수 없습니다. 따라서 저작권료를 받기 위해서는 한국저작권협회 등의 저작권협회에 가입해야 합니다. 가입까지 끝내고 나면 드디어 이제 자신의 음악으로 수익을 낼 준비가 완료된 것입니다.

그다음 단계로 필요한 것은 마케팅입니다. 개인적으로 유통사에서 제공하는 혜택 중 일반인에게 가장 좋다고 생각되는 혜택은 바로 마케팅입니다. 아무리 좋은 음악을 만들었다고 해도 음악의 존재 자체를 아무도 모른다면 그냥 사라져버리는 노래가 되기 때문입니다. 좋은 노래를 만드는 것도 우리 몫이지만, 이후 어떻게 마케팅할지 작전을 잘 짜서 노래를 홍보할지를 궁리하는 것 또한 우리 몫입니다.

7-3 저작권 이슈

지금부터 다루고자 하는 저작권 이슈는 샘플 사용의 저작권 표시 및 사용법에 대한 내용입니다. 최근 샘플이 많이 사용되고 다양한 루프 샘플을 손쉽게 사용할 수 있게 되어 샘플을 활용하는 작업물이 증가하고 있는데, 저작자의 저작권이 지켜지지 않는 경우가 많습니다. Part 2에서 제가 만든 루프 샘플을 활용해 작품을 만들었습니다. 이 경우 저작자(필자 본인)의 동의를 받아 사용했기 때문에 저작권을 준수한 것입니다.

하지만 그다음이 문제입니다. 작품을 만드는 데까지는 아무 문제가 없지만, 대개 작업물의 유통을 시작할 때 문제가 발생합니다. 바로 '실연자 표기'를 빠뜨리는 것입니다. 작곡, 작사, 아티스트, 기획사, 심지어 Special Thanks to도 잘 표기되지만, 악기를 연주한 실연자에 대한 표기는 자주 누락됩니다.

모든 음원은 한국저작권협회에 등록함과 동시에 한국실연자협회에도 등록됩니다. 즉 저작권료 외에 실연자에 대한 저작권료도 지급돼야 합니다. 여러분이 제가 제공한 루프 샘플을 사용해 음원을 만든 뒤 유통한다면 그 샘플의 실연자 표기(예를 들어, 여러분이 필자가 만든 기타 샘플을 사용했다면 '기타: 옥정헌'과 같이 표기)를 반드시 해야 합니다. 물론 Splice 등 다른 유료 샘플 사이트도 마찬가지니 항상 여러 번 확인해야 합니다.

부록

알고 보면 쉬운
음악 이론

알고 보면 쉬운 음악 이론

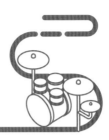

■ 음정

부록(이론)

음악 프로그램을 보거나 친구들과 노래방에 가서 노래를 부를 때, 제 음을 내지 못하면 흔히들 "음정이 안 맞는다"라고 이야기할 것입니다. '음'도 아니고 '음정'이라니, 과연 음정은 뭘까요? 음정은 음과 음 사이의 거리를 뜻합니다. 그러니 "(친구)야 음정이 안 맞는다"가 아니라 "(친구)야 음이 틀렸어"라고 말하는 것이 바른 표현입니다.

음악 이론에서 제일 먼저 음정의 뜻을 설명한 이유는, 음정이 무엇인지 정확히 안다면 모든 코드, 스케일도 완벽하게 이해할 수 있기 때문입니다. 예를 들어보겠습니다. 코드를 그냥 손 모양, 피아노 건반 모양으로 외웠다면 C 메이저 코드를 배웠다고 해서 D 메이저 코드를 알 수는 없을 것입니다. 하지만 '메이저 코드'의 음정 구성을 이해한다면, 어떤 메이저 코드든 자연히 알게 됩니다.

자, 그럼 음정에 대해 더 알아봅시다. 앞서 말했듯이 음정은 음과 음 사이의 거리를 뜻하며, 단위는 '반음'이고 '도'라고 부릅니다. 음정은 크게 '완전음정'과 '장음정'으로 나뉘는데, 기본 음정은 완전음정 '1, 4, 5, 8도, 장음정은 '2, 3, 6, 7'도로 이루어집니다.

	완전1도	장2도	장3도	완전4도	완전5도	장6도	장7도	완전8도
온음	0	1	2	2	3	4	5	5
반음	0	0	0	1	1	1	1	2

언제나 그렇듯 기본이 있다면 변형이 있는 법입니다. 완전음정에서 반음이 줄면 '감음정', 거기서 반음이 더 줄면 '겹감음정'이라 합니다. 반대로 늘어나면 '증음성'이고 반음이 더 늘면 '겹증음정'이 될 것입니다. 그리고 장음정에서 반음이 줄면 '단음정'이 됩니다. 한 번 더 줄면 '감음정', 한 번 더 줄면 '겹감음정'이 되고, 반대로 늘어날 때는 완전음정처럼 '증음정', 한 번 더 늘면 '겹증음정'이 됩니다.

--	-	완전(1, 4, 5, 8)		+	++
겹감	감			증	겹증
---	--	-	장(2, 3, 6, 7)	+	++
겹감	감	단		증	겹증

예제를 풀면서 제대로 이해했는지 확인해봅시다.

● 예제

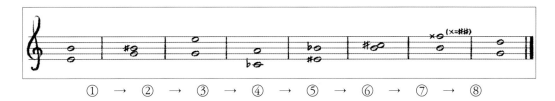

① → ② → ③ → ④ → ⑤ → ⑥ → ⑦ → ⑧

● 정답

① 완전5도 ② 증3도 ③ 장6도 ④ 증6도 ⑤ 겹감5도 ⑥ 장2도 ⑦ 증5도 ⑧ 완전5도

■ 음계(스케일)

우리는 이미 개러지밴드의 간편한 기능을 사용하여 각기 다른 스케일을 연주하고, 작곡에 사용하는 법을 배웠습니다. 하지만 어디까지나 '스케일에 대한 이해'가 아니라 '기술적으로 사용하는 법'을 배운 것입니다. 작곡을 더 배우고 싶다면 이해하는 것에서 한발 더 나아가, 이전에 배운 기술을 다시 한번 사용해봅시다.

■ 메이저 스케일(장조)

도에서 시작해 원음으로 이루어진 음계를 메이저 스케일이라고 합니다. 셋째-넷째, 일곱째-여덟째 음 사이가 반음인 음계이며, 가장 대중적으로 사용하고 가장 많이 접하는 음계입니다.

■ 마이너 스케일(단조)

라에서 시작해 원음으로 이루어진 음계를 마이너 스케일이라고 합니다. 둘째-셋째, 다섯째-여섯째 음 사이가 반음인 음계입니다. 메이저 스케일에서 단3도 아래 음이 마이너 스케일의 으뜸음이 됩니다(C 메이저 스케일 - 단3도 아래 - A 마이너 스케일).

마이너 음계는 선율 변화에 따라 다음 세 가지로 나눠 이야기합니다.

● 내추럴 마이너 스케일(자연 단음계)

마이너 스케일의 기본형 그대로입니다.

● 하모닉 마이너 스케일(화성 단음계)

마이너 스케일의 일곱째 음을 반음 올려서 이끔음 기능을 만든 형태입니다(일곱째 음인 이끔음은 여덟째 음으로 움직이려는 특성이 있어, 작곡에서 매우 중요한 역할을 합니다). 자연스럽게 여섯째-일곱째 음 사이는 중2도가 되고, 일곱째-여덟째 음 사이는 단2도가 됩니다.

● 멜로딕 마이너 스케일(가락 단음계)

하모닉 마이너 스케일에서 여섯째-일곱째 음 사이가 중2도가 되는데, 이것은 지금까지 배워온 음계에서는 볼 수 없었던 음정이기 때문에 유독 동떨어지게 들릴 수 있습니다. 이 문제를 해결하기 위해 중2도를 없애고 장2도와 단2도로 이루어지게 하기 위해서는 여섯째 음을 반음 올려주면 됩니다. 이것이 바로 '멜로딕 마이너 스케일'입니다. 이 스케일은 상행과 하행 두 개로 이루어집니다. 상행은 앞서 말한 대로 진행되고, 하행은 다시 내추럴 마이너 스케일로 진행됩니다.

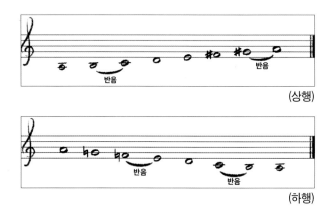

(상행)

(하행)

■ 블루스

다른 화성들이 유럽 지역에서 발원했다면, 블루스 음악은 미국에 뿌리를 둡니다. 블루스의 가장 큰 특징은 어두운 느낌을 주는 블루노트(Blue note)가 있다는 점입니다. 밝으면서도 어두운 느낌을 동시에 자아내는 것이 바로 블루스 음계의 특징입니다.

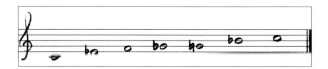

■ 코드

드디어 코드를 배울 시간입니다. 앞서 배운 이론을 바탕으로 코드를 만들어보겠습니다.

● 3화음

우리가 가장 많이 사용하게 될 메이저(Major) 코드와 마이너(Minor) 코드의 음정 구성을 C 코드에서 작성했습니다. 간단하게 얘기하면, 첫째 음(으뜸음) '도'와 셋째 음 '미' 사이의 음정은 장3도, 셋째 음 '미'와 다섯째 음 '솔' 사이의 음정은 단3도의 구조를 이룹니다. 따라서 모든 메이저 코드는 첫째 음과 셋째 음의 음정이 장3도, 셋째 음과 다섯째 음의 음정이 단3도인 음정 구성을 가지게 되는 것입니다.

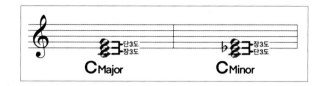

다음은 오그멘티드 코드와 디미니쉬 코드에 대해 알아볼 차례입니다. 두 개의 코드는 각각 Aug, dim으로 표기하며 오그멘티드 코드는 +로 표기하기도 합니다. 이것 역시 오선지에서 알아봅시다.

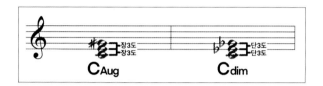

보시다시피 오그멘티드 코드는 장3도와 장3도, 디미니쉬 코드는 단3도와 단3도로 이루어집니다. 재즈곡이 아닌 이상 잘 볼 수 없는 코드이지만, 알아두면 좋습니다.

● 7화음

앞서 배운 3화음의 확장팩 개념입니다. 바로 오선지에서 7화음의 종류를 알아봅시다.

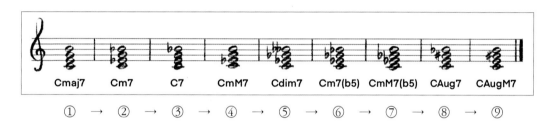

순서대로 ① 메이저 7화음, ② 마이너 7화음, ③ 도미넌트 7화음, ④ 디미니쉬 7화음, ⑤ 하프디미니쉬 7화음, ⑥ 마이너 메이저 7화음, ⑦ 디미니 메이저 7화음, ⑧ 오그멘트 7화음, ⑨ 오그멘트 메이저 7화음이 있습니다.

먼저 메이저 7화음의 구성부터 알아보겠습니다.

1. 앞서 배운 메이저 3화음에서 5도음과 장3도의 음정 관계를 가진 7음을 그려주면 메이저 7화음이 완성됩니다.
2. 마이너 7화음은 마이너 3화음에서 5도음과 단3도 음정 관계를 가진 7음을 그려주면 완성됩니다.
3. 도미넌트 7화음은 메이저 3화음에서 5도음과 단3도의 음정 관계를 가진 7음을 그려주면 완성됩니다(메이저 7화음에서 7음만 반음을 내리면 완성됩니다).
4. 마이너 메이저 7화음은 마이너 3화음에서 메이저 7화음의 7음을 빌려와서 사용한다고 생각하면 됩니다. mM7으로 표기합니다(반대 개념인 메이저 마이너 7화음은 도미넌트 7화음과 같으니 생략합니다).
5. 디미니쉬 7화음은 디미니쉬 3화음에서 5도음과 단3도의 음정 관계를 가진 7음을 그려주면 완성되며, dim7로 표기합니다.
6. 하프디미니쉬 7화음은 디미니쉬 3화음에서 5도음과 장3도의 음정 관계를 가진 7음을 그려주면 완성되며, m7(b5)로 표기합니다.
7. 디미니쉬 메이저 7화음은 디미니쉬 3화음에 메이저 7화음의 7도를 빌려와 사용한 코드입니다. dimM7 혹은

mM7(b5)로 표기합니다.

8. 오그멘트 7화음은 오그멘트 3화음에 마이너 7화음의 7음을 빌려와 만드는 코드입니다. Aug7로 표기합니다.

9. 오그멘트 메이저 7화음은 오그멘트 3화음에 메이저 7화음의 7음을 빌려와 만드는 코드입니다. AugM7로 표기합니다.

이 코드들 중에 자주 사용되지 않는 코드도 있지만, 기본적인 7화음의 종류까지 알면 작곡하는 데 더 유용하기 때문에 한번 알아보도록 하겠습니다.

■ 메이저 스케일과 마이너 스케일 코드

노래에는 key가 있습니다. 그리고 각 key와 장조, 단조에 따라 나올 수 있는 코드도 달라집니다. 여기에서는 과연 장조, 단조에서 각각 어떤 코드가 나올 수 있는지, 그리고 어떤 식으로 사용해야 하는지 알아보겠습니다.

우선 순서대로 나올 수 있는 코드를 알아봅시다.

메이저 스케일

	1도	2도	3도	4도	5도	6도	7도
3화음	마이너	마이너	마이너	마이너	메이저	마이너	디미니쉬
7화음	메이저7	마이너7	마이너7	메이저7	도미넌트7	마이너7	하프 디미니쉬7

- 예시: C 메이저 스케일

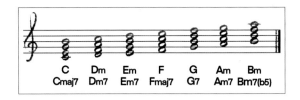

마이너 스케일(하모닉 마이너)

	1도	2도	3도	4도	5도	6도	7도
3화음	마이너	디미니쉬	오그멘트	마이너	메이저	메이저	디미니쉬
7화음	마이너 메이저7	하프 디미니쉬7	오그멘트 메이저7	마이너7	도미넌트7	메이저7	디미니쉬7

- 예시: A 하모닉 마이너 스케일

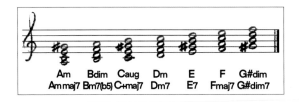

위 코드들이 과연 어떻게 사용되는지 다음에 나오는 악보를 분석하며 알아봅시다.

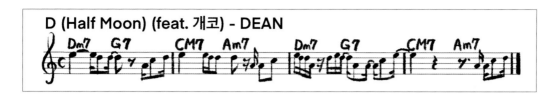

D (Half Moon) (feat. 개코) - DEAN

이 노래는 C 메이저 스케일의 노래입니다. 앞서 나왔던 메이저 스케일의 7화음 예시에서 볼 수 있는 코드로만 구성된 노래의 악보입니다. 이와 같이 노래의 중심 스케일이 정해지면 스케일에서 나올 수 있는 코드로만 노래가 구성됩니다(여기서는 Dm7, G7, CM7, Am7이 사용됐습니다). 전조를 한다거나 다른 스케일의 음을 빌려오는 경우를 제외한다면 그렇습니다. 요즘에는 가요에서 사용되는 코드나 멜로디에서도 재즈에서 자주 보이는 스케일의 음을 빌려오고 전조하는 등 복잡한 진행이 많이 보입니다. 하지만 그 뿌리는 지금 보고 있는 중심 스케일의 코드 진행이라는 점을 잊으면 안 됩니다.

자, 이제 전에 배운 케이던스에 대입해 사용하면 완벽하게 멋진 코드 진행을 만들 수 있게 되었습니다. 짧은 설명으로 완벽하게 이해하기가 쉽지는 않겠지만, 자신이 만든 코드 진행이 '이러한 이유로 좋은 소리가 나는구나' 정도만 알아도 충분합니다.

맺음말

길다면 길고 짧다면 짧은 과정이었습니다. 지금까지 스스로 음악도 만들어 보고, 만든 음악을 발매하는 방법까지 알아보았습니다. 어렵게만 느껴지던 작곡이라는 취미도 단 한 권의 책을 통해 따라 할 수 있다는 걸 이 책을 읽은 독자님들이 충분히 느끼셨기를 바랍니다.

이 책이 작곡에 대한 막연한 두려움을 떨쳐 내고 첫걸음을 내딛는 데 도움이 되었으면 합니다. 그리고 앞으로 더욱 나아가고자 하는 독자님들께 꼭 필요한 조언(과거의 저에게 부족했던) 두 가지만 말씀드리겠습니다.

첫 번째, 한 곡을 완성했다는 성취감은 곡을 완성한 당일만 누리자.

작곡을 시작한 지 얼마 안 됐을 때 하나의 음악을 완성시킨다면 그 기분은 정말 하늘을 날아갈 듯합니다. 그러나 이 뿌듯함과 성취감이 과하면 다음 음악 작업을 계속해서 진행하는 데 방해가 됩니다.

두 번째, 시기와 질투를 내 발전의 원동력으로 사용하자.

음악 활동을 하며 보고 접하는 수많은 아티스트들을 부러워하기도 하고 심지어는 질투하기도 합니다. 필자는 여러분들이 그런 시기와 질투들을 부정적으로 쏟아내는 것보다는 내가 발전하기 위한 원동력으로 사용했으면 합니다. 필자의 경우에는 '쟤가 한걸 내가 못하겠어?'라는 생각으로 그 아티스트의 음악에서 내가 좋다고 느낀 부분을 똑같이 만들어보고 내 음악에 사용해 보면서 그 아티스트에게 느꼈던 시기와 질투를 발전의 원동력으로 삼았습니다. 그렇게 하나하나 배워가다 보면 시기와 질투들이 점점 아티스트들에 대한 존경심으로 변하는 것을 느낄 수 있을 것입니다.

그 무엇보다 가장 중요한 건 음악을 즐기는 것입니다. 여러분의 즐거운 음악 활동을 응원합니다. 감사합니다.

찾아보기

숫자

영어

아이패드로 시작하는 음악 프로듀싱 with 개러지밴드

비트메이킹 등 실습 예제 파일과 단계별 학습 가이드 제공

출간일	2023년 1월 25일 ㅣ 1판 1쇄

지은이	옥정헌
펴낸이	김범준
기획	김수민
책임편집	김수민, 권혜수
교정교열	김묘선
편집디자인	나은경
표지디자인	임성진

발행처	비제이퍼블릭		
출판신고	2009년 05월 01일 제300-2009-38호		
주소	서울시 중구 청계천로 100 시그니처타워 서관 9층 949호		
주문/문의	02-739-0739	**팩스**	02-6442-0739
홈페이지	http://bjpublic.co.kr	**이메일**	bjpublic@bjpublic.co.kr

가 격	25,000원
ISBN	979-11-6592-176-7

한국어판 © 2023 비제이퍼블릭